生きるためのサッカー

ブラジル、札幌、神戸
転がるボールを追いかけて

著者　ネルソン松原

取材・構成　松本創
取材・解説　小笠原博毅

SAUDADE BOOKS

著者近影。神戸スポーツアカデミー、六甲アイランドフットボールスタジアムにて。

生きるためのサッカー

序文　転がるボールを追いかけて

フィールドの上をボールが転がる。それを追いかけてゴールを目指す。サッカーはとてもシンプルなゲームだ。

そのボールは何でできてる？　牛の革だ。フィールドには何が生えてる？　緑の芝だ。だからボールを転がせ。大地をゆく牛が、草を食べるように。パスはフィールドを這わせろ。それが自然だ。サッカーとはそういうものなんだ――。

ブラジルにいた若い頃、そんなたとえ話を聞いたことがある。どこでだれに聞いたかは忘れてしまったけれど、なるほどサッカーの原点を語っている。ぼくは深く納得して、胸に刻んだ。世界にはいろんなスタイルのサッカーがあるけれど、ぼくの理想はそこにある。サッカーを人に教えるようになってからも、よくこの言葉を口にする。

北海道にルーツを持つ日系二世としてブラジルに生まれたぼくは、ボールを追いかけて育った。路上で、空き地で、学校の片隅で。教会や地域のクラブのグラウンドで。夢中になってボールを追いかけるうちに、海を渡っていた。父祖の国である日本へと。

最初は、祖父母や両親がブラジルへ渡る前に住んでいた北海道。一九七二年の冬季オリンピックからちょうど一年後、真っ白な雪に覆われた札幌に、サッカー留学生として降り立った。いったんブラジルへ戻って、ふたたび札幌。次に岡山県の倉敷。それから一九九五年、阪神・淡路大震災直後の神戸へ。

街を渡り歩くたび、フィールドも移り変わった。大学、高校、少年団、社会人リーグ、そしてJリーグ。意図したわけじゃない。ただ転々とするボールを追いかけて、その時どきに進む方向を決めてきた。気がつけば二八年。人生の半分近くを日本で過ごしている。

なかでもいちばん長く暮らし、もう二〇年になろうとする神戸は、日本人移民がブラジルへと旅立った港町だ。そして、ぼくはいま、出発前の彼らが日本で最後の日々を過ごした「国立移民収容所」の建物（現・神戸市立海外移住と文化の交流センター）で仕事をしながら、この街の人びとにサッカーを教えている。不思議なめぐり合わせだ。

ブラジルと日本。地球の両側に分かれた二つの国の、異なる文化を、ぼくは運命に導かれるまま生きてきた。どちらも、生まれながらにして自分の中にあったはずのものだけど、いつも居心地がよかったわけじゃない。不安と迷い、ガマン。挫折もあれば、衝突も葛藤もあった。仕方がない、とあきらめたこともたくさんある。

だけど、後悔はしていない。ぼくの行く先はボールが決める。ボールが転がり着いたところが、ぼくの生きる場所なんだ。


ぼくにとって、サッカーは〝生きるため〟にある。

たくさんの人たちに出会い、さまざまなサッカーを見てきた。プレーヤーとして数えきれないほどのゲームに出て、何人もの相手をかわし、ゴールを決めてきた。指導者としていくつものフィールドに立ち会い、ブラジルで身につけた技術と考え方と、何よりも「フッチボウ」（ブラジル・ポルトガル語でサッカーの意）の楽しさを伝えようとしてきた。

それが「牛革のボールを緑の芝のフィールドに這わせる」サッカーだ。

足元でボールをうまくコントロールしながら、空いたスペースを突いて短いパスをつなぎ、少しずつ流れるようにゴールに攻め上がっていく。力任せに大きく蹴り込んで一気にゴールに近づこうとするのは、本来のサッカーじゃない。たとえそういう戦術で試合に勝てたとしても、それはぼくの目指すサッカーとは全然違う。

ぼくのボールは地を這って、地球というフィールドを移動していった。ぼくはそれをひたすらに追いかける。なぜなら、それが自分の信じるサッカーのスタイルだから。ただ単に勝ち負けを競うためのサッカーではなく、〝生きるためのサッカー〟。日系ブラジル人の指導者であるぼくは、それを父祖の国で伝えたいと思ってきたし、これからもそうしていくだろう。

ネルソン・勝・松原（ねるそん・まさる・まつばら）

一九五一年、ブラジル・パラナ州ロンドリーナに出生。一九五三年、サンパウロ市ピニェイロスに移る。一九七三年から七五年、北海道の札幌大学へ留学。ブラジル帰国後の一九七七年、サント・アンドレ体育大学を卒業。一九七八年、サンパウロでマリナ・アキズキと結婚。一九八八年、家族とともに札幌にサッカーコーチとして来日。一九九二年、サッカーコーチとして岡山県倉敷の川崎製鉄へ転勤。一九九五年から兵庫県神戸のヴィッセル神戸に赴任、ユースコーチおよび監督をつとめた。現在は、関西ブラジル人コミュニティおよび神戸スポーツアカデミーのスタッフ。

松原家の歴史

私の祖父、松原緑は一八八六年七月二七日に北海道釧路で生まれた。一九三二年、妻とめと子供五人（男子四人、女子一人）の家族計七人で、神戸の国立移民収容所（現・海外移住と文化の交流センター）から船に乗ってブラジルへ移住。六月二日にサントス港に着き、アラサトゥーバ市に直行。その近郊で一五年間、農業に励む。一九四八年に三男であった父・千秋は、母・花子と結婚。すぐパラナ州ロンドリーナ市に移り、長男の千春が生まれ、その二年後の一九五一年に勝、つまり私が生まれた。そして一九五三年に、父母はサンパウロ州に移り住み、五五年に三男の暁が出生した。

※二〇一二年四月、神戸市立海外移住と文化の交流センターで開かれた「第九回ブラジル移民祭」のパンフレットより抜粋・一部加筆修正を行った。

目次

・本書は、二〇一三年六月から二〇一四年三月にかけてスポーツ文化研究者・神戸大学准教授の小笠原博毅によって行われた著者・ネルソン松原へのロングインタビューをもとに、さらなる取材を担当したノンフィクションライター・松本創が構成を手がけた語りおろしの作品です。本文中、小笠原と松本による註釈は（　）で挿入しています。

・取材にあたってご協力いただいた、神戸スポーツアカデミーおよび関西ブラジル人コミュニティ（CBK）の関係者のみなさまに、また著者へのインタビューを提案してくれた成城大学准教授の山本敦久さんと、テープ起こしを手伝ってくれた神戸大学大学院生の横山純さんに、心からの感謝をささげます。

第一章　はじまりのサッカー――サンパウロ

◉路上のフッチボウ

サンパウロ――。

ブラジルでいちばん大きくて活気があって、いろんな人種がひしめき合って暮らしている南部の街で、ぼくは育った。

生まれたのは一九五一年一〇月、サンパウロ州の南隣にあるパラナ州のロンドリーナという街。二歳の時にサンパウロ市内へ移って、それからずっと――留学していた二年間は除いて――日本へ来るまで三五年ぐらい過ごした。

だから、ぼくのふるさとと言えば、サンパウロ。自分はパウリスタ（サンパウロっ子）だと思っているし、そのことに誇りを持っている。

市の中心部から西寄りに少し離れたピニェイロス地区に、ぼくの家はあった。商店と住宅が混じり合って建ち並ぶフェルナン・ディアス通りというところ。その同じ通り沿いで二回引っ越して、三つの家に住んだ。

ブラジル最大の都市といっても、幼いぼくの目に映る町並みは、まだまだのんびりしたものだったよ。そこら中に空き地が残っていて、大きな通りからちょっと外れれば、舗装されていない土や砂地の道路も多かった。街の人たちはたいてい顔見知りで、どこに住んで何をしている人か、だいたいわかっていた。

サンパウロ州にはブラジルの日系人の七割が住んでいると言われる。ピニェイロス地区にも日系人が集まっていた。ブラジルの日本人移民の多くは、最初は田舎のほうで生活をしていたんだけど、その後都会へ出てきた人は、何か商売をはじめるのが一つのパターンだった。クリーニング屋だったり、床屋だったり、日用雑貨や食料品の店だったり、食堂だったり。通りに面した一階部分を店にして、その奥や二階に住んでいる家が多かった。

ぼくの親戚も「バル」をやってた。バルというのは、日本で言う「バー」とは違って、立ち飲み屋と喫茶店と食堂を合わせたみたいな……ジュースも飲めるし、ビールもあるし、パンとか軽いごはんも食べられるし、煙草やお菓子なんかも買うことができる。お父さんの長兄と次兄、ぼくから見ればおじさんにあたる二人の家族が同じ一つの大きな建物の一階と二階に住んで、両方の家族ぐるみで店に立っていた。

そのお兄さんたちを頼って、ぼくのお父さんは都会へ出てきた。カメラが好きで、ロンドリーナにいた若い頃から写真屋に勤め、腕のいいカメラマンとして働いていた。親戚がやっていた町のふつうの写真屋さんだけど、撮影や現像の技術が確かなのはもちろん、できあがった写真をきれいなアルバム風に仕上げるとか、いろんなサービスを考えたりして、結構評判だったみたい。それで、サンパウロでも写真屋に働き口を見つけた。

でも、都会に出てきた最初の頃、うちはずいぶん貧しかった。ぼくが小学校へ入る前、二歳から六歳まで暮らした最初の家は、ほんとうにちっぽけで、粗末な建物だったのを覚えている。古くて狭いコンクリート造りの平屋。もっとも、生まれたばかりの頃にパラナ州で住んでいた家の写真を見ると、板張りでボロボロの小屋同然だったから、それに比べればマシだったのかもしれないけれど。

外から二、三段の階段を上がったところに玄関があって、ドアを開けたら、すぐ台所。部屋はその横に一つだけ。お父さんがカーテンか何かで真ん中を仕切って、入口に近いほうをリビング、奥を家族の寝室に使っていた。日本で言えば、1LDKぐらいの間取りになるのかな。トイレは外にあった。そこに両親と、二つ上の兄、ぼくの四人で暮らしていた。

その家の前に、ジャガイモや米の卸売をしている日系人の店があった。名前はヒラノさんといったな。とても大きな店で、広い敷地には倉庫や作業場があって、トラックを停めるスペースや木の植わった庭もあった。同じ敷地に建つ家も、すごく立派な豪邸だった。ぼくの家は、その店の奥に隠れるように建っていて、表通りから出入りする時はヒラノさんの敷地を通ることになっていた。たぶん建物のオーナーはヒラノさんで、もともとは親戚かお店の従業員でも住んでいたんだろう。

そんな場所から、ぼくのフッチボウは、はじまった。

いちばん古い記憶は五歳ぐらい。ヒラノさんの家の末っ子は、ぼくや兄貴と同じぐらいの歳で、よく一緒に遊んでいた。木登りや駆けっこ。向かいに住んでたガイジン（非日系のブラジル人）の子たちも一緒になって、いつも楽しいことを探していた。だけど、やっぱりブラジルの子どもたちが集まれば、なんといってもサッカーだ。自然とそうなる。ヒラノさんの広い庭や駐車場、周りの空き地、舗装されてない道。場所はいくらでもあった。

その年頃のサッカーに、特別な道具なんかいらない。革のボールなんてだれも持ってないし、欲しいとも思わなかった。そこらへんに転がってるもの、たとえば木の棒でもいいし、ミカン（ブラジル産のオレンジ）でもいい。自分の靴下をまるめて、女性用のストッキングに詰めてボール代わりにしたこともある。庭の一角にジャガイモの木箱を立てておけばゴールになる。それもなければ、靴を脱いで二つ並べておいてもいい。裸足で道の上を駆け回っている子もたくさんいたよ。

人数も関係ない。二人いればゲームはできるし、四人なら二対二でやる。一人でも、フリーキックみたいに、壁や箱に向かってひたすら何かを蹴っているだけで時間を忘れて熱中できる。暗くなって、あわてて家に帰っては、よくお母さんに叱られたよ。服は汗と泥だらけだったしね。

小学校に入れば学校にコートやゴールがあったから、休憩時間には必ずゲームをやっていたけれど、場所や道具が使えない時でも、いつでもサッカーははじまった。たとえば瓶のふたを使うのなんか面白かったな。通学途中に道端で見つけたコカコーラの瓶のふたをドリブルしたり、パスしたり、取り合ったり。授業がはじまる前、学校の広場でそんなことをやっていると、友達がどんどん集まってくる。コーラのふたは、うまく蹴るとスピンして、よくカーブがかかるから面白いんだよ。

ミカンのボールに、ジャガイモの箱のゴール。ブラジルの子どもにとって、はじまりのサッカーとはそういうもの。遊びなんだ。だれもスポーツだなんて思ってない。だから道具も場所も、手近にあるもので間に合わせる。それで十分楽しい。

日本の子どもはサッカーを「スポーツ」と思っている。スポーツだと思うから、スクールに入ってだれかに技術を教わる、ルールやセオリーを学んで正しく習得するという考え方に最初からなる。それも大事なことかもしれない。だけど、ブラジル人のフッチボウとはちょっと違うんだ、発想や感覚がね。

まあでも、ここ最近はブラジルも似たような状況になってきているみたいだ。幼い頃から英才教育を受けてきたような選手も出てきているし、時々サンパウロに帰ると、すっかり空き地もなくなって、子どもたちが自由に遊べる場所も減っているからね。

◉日系人のクラブ

小学校に入るちょっと前に四歳下の弟が生まれて、ぼくの家は同じフェルナン・ディアス通り沿いにある小学校の隣に引っ越した。しばらくして、その家の一部を改装してお母さんが美容室をはじめた。お父さんも写真屋を辞めて、一緒に店をやるようになった。

ぼくも小学校に入る頃、六、七歳になると、店の手伝いをやらされた。シャンプーをしたり、パーマ液を運んだり、掃除をしたり。お母さんは厳しい人だったから、ばれないようにこっそり逃げ出しては、よく遊びに行ってたけどね。

平日は、さっき言ったような子どもどうしの草サッカー。日曜になると、近所の大人たちが小学校のコートに集まってフットサルをするのを見に行った。そのうち、友達と一緒に混ぜてもらったり、たまに大会があれば追いかけて行ったり。

ブラジルでは、休みの日になると、そんなふうにあちこちのグラウンドや空き地で草サッカーやフットサルをやっている。アマチュアチームの大会もある。ぼくらはそれを見て、マネして、自分で工夫しながら、いろんなことを覚えていく。大人だって遊びでやっているだけだから、だれか決まったコーチみたいな人がいて教えてくれるということはない。「こうしないといけない」というのも別にないんだよ。

もう少し大きくなって、小学校高学年の一〇歳ぐらい（当時のブラジルの小学校は四年制）になると、スタジアムへ出かけて、プロの試合を生で見るようになった。サンパウロFCやコリンチャンス、パルメイラスみたいな人気クラブが、サンパウロにはいくつもあるからね。当時は大人と一緒に入れば無料だったから、友達とスタジアムの前まで行って、だれかが来るのを待つんだ。別に親や知り合いじゃなくてもいい。応援に来ている人にくっついて一緒に連れて行ってもらう。

そこで有名な選手のプレーを見て、ぼくらはとりあえずマネをする。当時はテレビなんてないから、生で見たことを頭に刻んで、実際に身体を動かして覚えていく。考えてみれば、ぼくはサッカーをだれかに教わったことがない。たくさん試合を見て、技術を盗む。それが基本。いちばん大事なことだと思う。

プロのクラブの中では、コリンチャンスを応援していた。スタジアムは家から遠かったけど、日系人のファンが多いから、ぼくも自然とそうなった。

よく覚えているのは、ロベルト・リベリーノ（元ブラジル代表。「エラシコ」と呼ばれるフェイントやフリーキックの名手として知られ、後にJリーグ・清水エスパルスの監督も務めた）だね。ボールの扱いがすごく上手くてね。彼が、セルジオ越後（元プロサッカー選手。現在は日本で解説者・指導者として活躍する）と一緒にサテライト（二軍）チームにいた当時、前座でやっている試合をよく見に行った。当時ぼくは中学生で、彼らは五、六歳上だから一七か一八歳だったのかな。まだプロチームに上がる前だったから、スターというわけじゃなかったけど、ぼくらの間ではすごく人気があった。

だけど、当時最高のスターと言えば、なんといってもペレだね。ぼくの子ども時代は、まるごとペレの黄金時代。だれもが彼に憧れた。彼がいたサントスFCがコリンチャンスと対戦する時に、よくスタジアムに見に行ったんだけど、ボールを突然予測できない方向に変える切り返しや、速いドリブルで相手をかわしていくテクニックはほんとうにすごかった。いくらコリンチャンスを応援していても、彼だけは別格。まさに「王様」だった。センターフォワードのペレと、右ウイングのガリンシャ——リオデジャネイロのボタフォゴの選手で、彼もすごいテクニシャンだった——でコンビを組んだ「セレソン」（サッカーのブラジル代表）での活躍もよく覚えてる。それは、どこかの白黒テレビで見るしかなかったけどね。とにかく、ぼくたちはみんな、ペレのフェイントやドリブルを一生懸命マネした。いや、マネしようと競い合ったもんだよ。

はじめて友達とチームを作ったのもちょうど同じ頃、一一歳か一二歳ぐらいのことだ。一〇歳で小学校を卒業して、中学に入るまで一年間予備校に通った時期があるんだけど、その頃になるかな。

フェルナン・ディアス通りの町の外れにプロテスタント教会があってね。ぼくはカトリックの洗礼を小学校の時に受けていたから、その教会の信者ではなかったんだけど、牧師さんの息子が同い年の友達で、教会も遊び場の一つだった。土のグラウンドがあって、そこでフットサルをやるうちに、友達どうしでチームを作ろうという話になったんだ。メンバーは、キーパーを入れて五人。大会に出るほどではなかったけれど、ちゃんとユニフォームを作って、週末にはそれを着て、近所のチームと練習試合をやっていたよ。

基本的にブラジルでは小さい子どもはふつうのサッカーはあまりやらない。ほとんどの子がフットサルからはじめる。フットサルは、日本では単なるミニサッカーと思われているかもしれないけど、サッカーとは別の競技だ。コートの広さやボールの大きさは全然違うし、プレーのスピードも違う。ルールも昔はかなり違った。まあ、ボールを扱う基本的な技術の面では、あまり変わりはないけれど。

それからもう一つ、日系人のクラブチームにも入っていた。「ピラチニンガ」という名前のスポーツクラブがあって、ぼくが一三歳の時に家族で会員になった。そこではフットサルやサッカーだけじゃなく、バレーボール、バスケットボール、卓球や水泳、何でもできた。もともと日系人が作った私塾みたいなものだったのが、土地が広かったのでプールを作り、体育館を作り、総合スポーツクラブになったんだ。経営者も会員も全部、日系人だった。

教会で友達と作ったフットサルチームは、ただ集まってゲームをするだけだったけど、ピラチニンガにはいちおう監督がいて、ゲーム以外に練習することもあった。ただ、メニューは自分たちで考えていた。友達にセンタリングを上げてもらってシュートしたり、パスを回したり、そういう反復練習をね。で、たまに招待大会みたいなのがあると、それに出場しに行く。それも遊びの延長みたいなものだった。

そういう中で、知らず知らずに技術が上達していって、自分が友達の中でもどれぐらいのレベルかというのが、だんだんわかってくる。

上手い子は、まずやっぱりボールをキープできる。それから相手をかわす、つまりフェイントの技術を持っている。もう一つは、ゲームをよく見ている。視野が広くて、状況を素早く判断できるということだね。それができる子が、周りから「こいつ上手いなあ」と一目置かれるようになっていくわけだ。

ぼくは、自分が特別に上手いという意識はなかったけれど、仲間うちでは攻撃が得意なほうで、ポジションもウイングや中盤をやることが多かった。小学校までのフットサルや草サッカーでは時々キーパーもやっていて、それも結構好きだったけど、ディフェンスはあんまり好きじゃなかったな。ドリブルでボールを運んで、キープしたり、何人もかわしたり、そういうサッカーのいちばん楽しいところがやっぱり好きだったし、わりと上手くできていた。ただ、もっと上手いブラジル人は周りにいっぱいいたし、うちの経済的な事情も理解はしていたから、プロに漠然とあこがれを抱くことはあっても、本気で目指すという感じではなかったね。

たしか中学に入る前だったと思うけど、セレクションを受けないかという話があった。コリンチャンスのジュニアユースだ。

お母さんの美容室のお客さんに、旦那さんがプロチームの審判をやっている人がいて、「そんなに熱心にサッカーをやってるなら、一度受けてみたらどうだ」って誘われてね。同じ頃に別のお客さんからも「紹介してあげるから受けてみれば」という話があった。この人は、テレビやラジオでサッカー解説をやっていた人の奥さん。でも、両方とも母親が反対して断ってしまった。「プロなんか目指すと、勉強ができなくなる」って。

反発……することはなかったけど、そりゃガッカリしたよ。現実味があるかどうかは別にして、ブラジルの子どもの多くはサッカー選手になるのが夢だからね。プロの試合を見に行けば、自分も上手くなって活躍したい、有名になりたいとあこがれるし、チャンスがあれば自分の実力を試してみたい、一度は挑戦したいという気持ちにも当然なる。

でも、ぼくの両親のような日系一世にとって、サッカーというものはそれほど身近なスポーツじゃなかったし、選手に対するイメージもあまりよくなかったみたいだ。何よりも、あの世代の日系人家庭はすごく教育熱心だから、勉強最優先に考える。勉強して、いい大学に入って、弁護士だったり、医者だったり、エンジニアや教師だったり、社会的地位が高くて安定した職業に就いてほしいという願いを一世の親たちは強く持っていて、いつも子どもにそう言い聞かせていた。

遊びでサッカーに熱中するぐらいは構わないけど、プロになるなんて許さないというのがお母さんの考えで、それは、日系人社会ではふつうのことだった。サッカーでお金を稼げるのはほんの一部の有名選手だけ。並みの選手レベルではほとんど儲からない。そこはぼくもよくわかっていたから、仕方ないなとあきらめるしかなかった。

ただ、アマチュアのクラブでも、友達と作るチームでも、どういう形でもいいから、サッカーを続けたいという希望は持ち続けていたんだ。

●柔道仕込みのフィジカル

サッカーに縁遠かった日系一世の親世代にとって、スポーツと言えば、まず野球。それから、剣道、柔道、相撲といった武道だった。うちの両親は二人とも、子どもの時に親に連れられてブラジルに渡った一世なんだけど（幼少期に移民した世代は「準二世」と言われることもある）、日系人の家庭では、その親世代、ぼくから見ればおじいちゃん・おばあちゃんの文化や考え方をそのまま受け継いでいるからね。サッカーは、観戦するのも、プレーするのも、ぼくら二世以降のことだ。

一世の人たちの話を聞けば、地域単位で日系人の草野球チームが結構あって、郊外のグラウンドへ行けば、時々試合をやっていたようだ。彼らが若い頃にスポーツをしている写真と言えば、だいたい野球。それか、何かの行事の時に開かれていた相撲大会。あるいは、剣道や柔道の道場開きの記念撮影。それ以外はあんまり見たことがない。

あと、これはぼくの記憶にもあるけど、日系人の運動会というのもあった。年に一回、どこのコミュニティでも必ず開かれる恒例行事。日系人社会の中心になっていた「コチア」という農業組合があったんだけど、そこのスポーツ施設を使って、五月か六月にやっていたと思う。

競技場のトラックでリレーをやり、真ん中の芝のところでは、綱引きや玉入れ。お玉に卵を入れて落とさないように走るレースとか、パン食い競走の代わりにリンゴを食べる競技とか、小麦粉の中にまぎれた飴を手を使わずに食べるのとか、いろんな種目があった。まあ、日本でかつてやっていたのと同じだ。

ぼくも小学生の頃は運動会に出た。家族や親戚そろって会場へ行って、松原家のテントを立てて、みんなで応援して。スポーツというより、地域の日系人が集まる遊びだけど、それはそれで楽しい思い出になっているよね。

そんなふうに日本の文化をそのまま持ってきたような場所が日系人社会にはいくつもあって、たとえば日本語学校なんかもその一つ。日系人の子どもはだいたい地域の日本語学校へ通って、簡単な読み書きとか、折り紙なんかの日本の遊びを教わっていた。ぼくも小学校の頃は、午前中はブラジルの学校、午後は日本語学校へ通っていたよ。

そこの日本語学校では柔道も教えてくれた。ぼくはお母さんの勧めで習いはじめて、そのうち、近所にあるもっと本格的な道場に週二回通うようになった。お母さんは、武道を通じて日本の礼儀作法や精神、スポーツマンとしての規律をぼくに身につけさせたかったみたい。家庭だけじゃなく、家の外でも日本の文化や伝統に触れさせようと思ったんだろうね。

道場の指導者はヤマシタさんという人で、子どもから大人までいろんな年代の人が来ていた。ぼくは一〇歳ぐらいで入って、三年ほど続けたかな。下から白、黄色、水色、オレンジ、緑、茶色、黒と帯の色があって、最後は緑まで行った。

稽古は、投げや受け身の反復練習が多かったけど、ぼくはそういうのが全然苦じゃなくて、結構一生懸命練習したよ。得意技は背負投げ。当時の身長は一メートル六〇センチぐらいで、それほど大きいほうじゃなかったけど、きれいに投げ技が決まれば気持ちよかったね。一三歳の時には、サンパウロ州の大会に出て団体優勝した。黒帯は一八歳にならないと取れないから無理だったにしても、もうちょっと続けていれば茶帯までは行けたかな。日系人クラブのピラチニンガに通うようになって、道場は辞めてしまったんだけど。

考えてみれば、ぼくにとって正式に指導を受けたスポーツは、柔道が最初で最後だ。サッカーはどこまで行っても子どもの遊びの延長みたいな感覚。ただただ好きで、自由にやってきただけだから。

でも、柔道をやることによってフィジカルが鍛えられて、結果的にサッカーに役立ったこともたくさんある。たとえば、下半身の強さ。瞬発力。バネが強くなれば簡単に倒れないしね。草サッカーでキーパーを時々やったけど、受け身ができたから、飛んだり転んだりするのも怖くなかった。フィールドで、反則されてもケガしない。大きい相手に思いっきりぶつかられるのも平気だった。

とにかくスポーツは何でも好きだったから、そのほかにもいろいろやった。ピラチニンガでは、バレーボールをやり、卓球をやり、水泳もやったよ。

なかでも、よくやったのはバレーボール。一四歳から一五歳の頃にジュニアユースのサンパウロ州代表に選ばれて、ブラジル選手権に出たこともある。その頃でも身長は一メートル六五センチぐらいだから、たいして大きくなかったけど、ぼくはアタッカーをやっていてね。その練習のおかげでジャンプ力がついたし、飛び上がるタイミングもよくつかめるようになった。これは、サッカーで言えば、ヘディングの競り合いなんかに使える技術。それから反射神経も鍛えられた。近くからボールを打たれた時に、どの方向にどっちの足をパッと踏み出すか。瞬間の判断力が必要だからね。

そんなふうに、毎日学校が終わると、スポーツクラブに行って、何かしらスポーツをやっていた。で、休みの日はどこかでフットサルかサッカーの試合。そうやって二つ三つの競技を掛け持ちしているのは、ぼくだけじゃなく、ふつうのことだった。

別にサッカーに役立つからやっていたわけじゃない。好きな競技を興味のおもむくままにやって、どれも純粋に楽しかった。あとから思えば、それがサッカーをやる身体を作ったり、動きのスピードやバランス、感覚みたいなものを養ったりするうえで、いい影響を及ぼしていた、ということだね。水泳は水の中だからちょっと条件が違うけど、卓球なんかはステップの使い方が役立つ。

日本の子どもの場合、野球だったら野球、サッカーならサッカーしかやらない子が多いでしょ。ちょっともったいない。一つの競技しかやらなかったら、それ以外の動きができなくなる。三つか四つ経験していたほうが、いちばんやりたいスポーツの上達にとっても、いいことだとぼくは思う。

日本の子どもはみんな忙しいし、一つの道を突き詰めるという日本人的な性格もあるのかもしれないけど、スポーツをする場所が、学校の部活やスクールに限られている環境のせいも大きいんじゃないかなと、見ていて思うことがある。大人がやらせないんだね。でも、子どものうちは特に、できるだけいろんなスポーツを体験したほうが絶対にいい。

ブラジルには学校単位の部活みたいなのはなくて、町や地域ごと、日系人なら日系人のコミュニティが運営するクラブが基本になる。そこへ行けば、施設があって、道具があって、仲間がいて、日替わりでさまざまな競技ができる環境がある。

クラブの運営は基本的に会員から集める会費と寄付でやっている。サッカーとかバレーボールとか、プロチームを抱えるクラブだったら企業のスポンサーがつくけど、アマチュアにはそんなのない。でも、別に人を雇う必要はないんだし、かかるお金は場所代ぐらいだから、それでもなんとかやっていける。だれかがグラウンドを無料で提供してくれれば、それもいらなくなる。最近は自由に使えるグラウンドも少なくなってきて、うまく行くところばかりじゃないみたいだけど、そういう地域やコミュニティに根ざしたクラブが基盤になっているのが、ブラジルのスポーツ文化のいいところだろうね。

◉夢のサンパウロFC

だけど、スポーツに明け暮れる日々はそう長くなかった。一五歳で中学を卒業して、高校へ進むと同時に、お母さんから働くように言われたから。ぼくの青春は短かった。学生の身分で、好きなことだけに打ち込めた時代はね。

とはいっても、その頃のブラジルでは一五歳から働くことは珍しくない。学校へ行きながら就職するのも、まあふつうにあることだった。学校の時間帯は、午前・午後・夜間のどれかを選べるようになっている。ぼくは夜間を選んだ。朝八時から夕方五時半まで会社で働いて、夜の七時半から一一時まで勉強という生活がはじまった。

ぼくが最初に就職した先は、コチア農業組合。サンパウロの北のほうを管轄する北《ノルチ》事務所が家から歩いて行ける距離にあった。近所だし、日系人の会社だし、働いている人も日系人がほとんどだからいいだろうということで、親に勧められた。で、入社試験を受けて合格したんだ。

コチアというのは、日本から来た移民向けに農業技術の指導やいろんな作物の普及を行なっていた、日本で言うところの農協。それが移民の受け入れ窓口の役割も果たしていて、たとえば日系人どうしの結婚を仲介する結婚相談所みたいなこともやっていた。日本人移民の仕事は、はじめは農業が中心。田舎にいて、すごく大変な生活だったんだ。

　それがだんだんと、みんな町へ出て、商売をはじめたり、会社に勤めたりするようになると――うちの両親がパラナからサンパウロへ出てきたのもまったく同じ流れだ――だいぶん生活も安定していく。さっき運動会の話をしたけど、都会に出てきた人にとって、コチアは単なる農業組合というより、日系人コミュニティの結びつきを強める組織になっていた。各地に事務所があって、ぼくの勤めたサンパウロの北《ノルチ》事務所は、中央《セントロ》から分かれたところ。ほかに、西《オエスチ》や南西《スドエスチ》の事務所もあったね。

　そういう職場で、ぼくは見習いの事務職員として働きはじめた。最初は書類を運んだり、連絡事項をどこかのフロアに伝達したり、いちばん簡単な仕事をしながら、タイプライターの使い方や書類の作り方を覚えていった。

　給料は、ほかの仕事と比べても悪いほうじゃなかったけれど、最初の三か月ぐらいは見習いだし、一五歳だから、ものすごく安い。ふつうの大人が月に一二〇クルゼイロ（ブラジルのかつての通貨単位。現在はレアル）もらっているところを、ぼくは七五クルゼイロ。六割ぐらいだね。最初は少ないから家に入れることもできなかったけど、そのうち一二〇もらえるようになってからは、いくらかお母さんに渡せるようになった。

　それはよかったんだけど、生活のペースがすっかり変わってしまった。平日はフルタイムで働いて、夜は学校だから、スポーツをする時間なんかない。ピラチニンガの会員は続けていたけど、クラブに行く暇がない。ほかのスポーツはともかく、サッカーやフットサルをしたい気持ちが募って、ちょっとストレスがたまったね。その分を全部、土曜と日曜に集中させて発散するような感じだった。

職場にもサッカーのチームがあってね。コチアは日系人の会社だけど、職員には一メートル九〇センチ近いブラジル人の黒人もいたよ。年齢はばらばら。一八歳もいれば、二〇代もいれば、三〇歳過ぎた人もいる。ぼくはまだ一五か一六歳だったけど、チームの責任者に呼ばれて、そこに混じってプレーするようになったんだ。ただ、公式戦はなくて、練習試合だけ。あとは、ピラチニンガにも顔を出してたし、友達のチームに呼ばれたら、どこへでも行っていた。一日に別の場所で二、三試合やったりね。とにかく、土日はいつもどこかでサッカーをしていた。そういう意味では忙しかった。

一六歳の時にサンパウロFCの個人会員になった。フットサルを一緒にやっていた友達に誘われたんだ。三か月ごとに会費を払えば、サッカーやフットサルができるのはもちろん、体育館やプールも使える。世界的に有名なプロサッカーチームを持っているサンパウロFCも、母体は別にサッカーだけじゃなく、総合スポーツクラブだからね。しかも、日系人クラブのピラチニンガと比べると、施設の規模も会員数もずっと大きい。アマチュアの会員だけでいくつもサッカーのチームがあって、クラブ内でリーグ戦をやっているぐらいだから。ぼくも友達とチームを作ってリーグ戦に参加した。その時で一〇チームぐらいあったかな。ちゃんと会員用に芝のグラウンドがあって、毎週日曜日に何試合か組まれるんだ。

サンパウロFCは、プレーのレベルもかなり高かった。日系人はあまりいなかったね。ぼくのチームには三人。あとはガイジン。白人が多かった。ちょっとエリート的なところがあるクラブだから、ある程度、お金がないと入れない。

ピラチニンガのような日系チームと比べて何が違うかというと、いちばんはプレーの激しさ。当たった時にフィジカルで負けないようにしないといけない。柔道の経験が活きていると実感したのは、その時だね。ぼくのポジションは上がり目の中盤で、ゲームメーカーだったから、前線で競り合ったり、激しくぶつかられたり、思いっきり蹴られたりすることもしょっちゅう。でも、怖がらずに、普段どおり冷静にプレーできていた。

実は一度、クラブ内のリーグ戦でぼくらは優勝しているんだ。決勝の会場はモルンビー・スタジアム。あのサンパウロFCのトップチームのホームグラウンドだ。プロのスタジアムでプレーした、あれが最初の経験。その大きさ（約八万人収容、ブラジルでは、リオデジャネイロのマラカナン・スタジアムに次ぐ規模）に圧倒されながらも、子どもの頃からあこがれ続けたプロチームと同じ舞台に立てたことがうれしかった。

で、そのリーグ戦の優勝がきっかけになって、プロになるチャンスがもう一度めぐってきた。チームから、ぼくを含めて四人がプロのユースに選ばれて、テストを受けに行ったんだ。一七歳の時だ。でも結局、親に反対された。「大学に入る時期なのに勉強できないだろう」って。それで、ぼくだけ断ってしまった。もしプロに上がれても、そんな状況では続かないのは目に見えていたから。

一緒に選ばれた三人は、次の年にプロに上がった。キーパーが一人、ディフェンダーが一人、フォワードが一人。でも、みんなやがてほかのチームに移籍していった。キーパーの彼は、最終的にはオーストリアまで行ったけど、あまりうまくいかなかったのか、その頃にはキーパーからフォワードに転向していた。世界のトップレベルに立つサンパウロFCというところは、それぐらい簡単には行かないということだ。

◉公務員の体育大生

ブラジルでプロになる道はあきらめて、ぼくは大学へ進んだ。サント・アンドレ体育大学といって、サンパウロ州内ではあるけど、市内ではなくて、隣町にある私立の単科大学。そこに電車で通うことになった。

体育大学に入ったのは、やっぱり何かスポーツに関わる仕事をしたいと考えていたから。

必ずしもサッカーでなくてもいいし、自分がプレーする立場じゃなくてもいいけれど、何かの形でスポーツに関わりたいと思っていた。たとえば、体育の教師だったり、クラブやスクールの運営に関わったりするような仕事を漠然とイメージしていた。

サッカーは「仕事」でなくてもよかった。続けられるなら、どんな形でもよかったんだ。

大学へ入ると同時に職場も変わった。大学の授業は午前中だったから、コチアの仕事は続けられない。それで公務員試験を受けて、保健所に勤めることになったんだ。午後一時から六時までの半日。それが終わると、道路を渡ったところにあった銀行で働く。これが夜の七時から一一時までの四時間。仕事は小切手を扱うセクションで、経理のようなことをやっていた。

ブラジルでは小切手をよく使う。ぼくの役目は、その日に小切手でやり取りされた金額を全部計算し直して、数字が合っているかどうか確かめることだった。合わなかったら一からやり直し。おかげで、仕事が終わるのが夜中の一時や二時になることもあった。朝になると、また電車に乗って大学。そういう生活だから、この時も高校時代と一緒で、平日は全然スポーツをやる余裕なんてなかった。唯一よかったことと言えば、銀行に食堂があって、保健所の仕事が終わったら、道路を渡って食堂で晩ご飯を食べて、それから仕事にかかれることぐらいだった。

だけど、ぼくが特別に苦学生だったというわけじゃない。同年代の仲間も、みんな仕事をしながら学校に通っていた。自分で学費を払っていたから、そういうふうにしないとできない。ただ学生だけをやっていられるのは一部の金持ちだけだった。

そういうわけで、サッカーはやっぱり週末にまとめてやるということになった。

大学の実技の授業でサッカーやフットサルをやることもあったけど、部活のようなものはない。公式試合と言えば、大学選手権や何かの大会が年に何回か開かれるのに合わせて、寄せ集めのメンバーで出場するぐらい。体育大学だけど、普段からプレーをしている学生は、大学じゃなくて、それぞれにクラブチームに所属してやっていた。バスケットボールをやる人もいれば、バレーボールの人もいる。外では特にスポーツをやらない学生もいた。基本的に大学は「体育」の指導法や理論を勉強しに行くところで、競技をするのはまた別の場所。そのへんは、学校の部活単位が強い日本から見れば、大きく違うところだね。

ぼくも相変わらず、週末ごとにクラブチームに顔を出したり、友達の練習試合に呼ばれて行ったりしていた。ただ一八歳になると、高校まで在籍していたピラチニンガやサンパウロFCの友達はみんな仕事をはじめて、ばらばらになってしまった。それでまた別の日系人クラブに参加するようになった。

一つは「ジャイアンツ」。日本のプロ野球の読売巨人軍から取った名前からわかるように、もともとは野球のチームが母体にある。そこの事務所を拠点に、ぼくの友達がメンバーを集めてサッカーチームを作って、そのままジャイアンツを名乗ったんだ。ぼくが在籍した期間は短かったけどね。

もう一つは、リベルダージ地区（サンパウロ市中心部の東洋人街）にあった「モシダージ」という日系人中心のサッカーチーム。だいたい土曜日に試合があった。クラブハウスはなく集合場所だけが決まっていて、行ってみてはじめて、その日の試合の場所と相手がわかるというような気軽な感じだったけど、強くていいチームでね。その年頃になると、だれかしら車を持っていたから、みんなでわいわい乗り合いして試合会場へ出かけて行ったりしていた。メンバーの仲もよくて、大学に入ってからは、そのチームでサッカーをやることが多くなったかな。

日系人中心のサッカーチーム「モシダージ」の仲間と。前列右端が著者。1973年、サンパウロにて。

◉日本留学へ

そんな大学生活一年目も終わりに近づいた一九七二年一〇月（ブラジルの学校年度は二月から一二月）のある日のこと。

朝、家で寝ているところをお母さんに揺り起こされた。眠い目をこすって起き上がると、手には日伯毎日新聞（日系人向けの日本語日刊紙）を持っている。ある記事を指し示して、早口で説明した内容はこうだった。

日本の北海道にある札幌大学が、ブラジルからのサッカー留学生を募集している。期間は二年間。条件は二つ。日系人であること。現在、大学生であること。希望者は近くセレクションを行う――。

最初に聞いた時は、正直あまりピンと来なかった。だけど、お母さんはすっかり乗り気で、早く申し込みに行けと急き立てる。

北海道は、両親のふるさとだ。お父さんは江別、お母さんは旭川の出身。二人とも幼い頃に離れているから、どれだけ記憶があったかはわからないけど、「日本」「北海道」「サッカー」「大学生」という言葉に思わず反応してしまったんだと思う。

日系人の家庭、特に一世の世代は、日本の文化や生活習慣をとても大事にしている。子どもたちにも、それを伝え、受け継がせようとする。

息子に日本語や日本の文化を学ばせるチャンス。しかも、場所はふるさと北海道。プロの道へ進むことを反対したサッカーもさせてやれる。二年後にブラジルへ戻って、ちゃんと大学を卒業すれば、体育の先生になる道からも外れない。そんな母なりの思いと留学の条件がぴったり一致して、強く勧めたんだろうね。

うちでは、お母さんが結構日本語を話していたし、ぼくも小学校の間は日本語学校に通っていたから、何を言っているかぐらいは理解できた。ただ、しゃべるのはまったくだめだった。お母さんやおばあちゃんから日本語で話しかけられて、ぼくがポルトガル語で答える。家の中や親戚の間では、そんな会話だった。もちろん、日本のことはよく聞かされていたけど、それは親や祖父母の頭の中にある懐かしい思い出話に過ぎないし、実際のところは何も知らないに等しかった。

その頃のぼくが自分の目で見た日本の風景と言えば、サンパウロの日本人街に三つか四つあった映画館でやってた時代劇やヤクザ映画ぐらい。高倉健、勝新太郎、鶴田浩二……俳優の名前や顔ぐらいはなんとなく知っていても、彼らが演じている人物や使っている言葉、そこに描かれている風景や生活が、いつの時代のものなのかもわからない。たった一つ、いまでもタイトルを覚えている『黄色いからす』(一九五七)という映画があって、わりと好きな話ではあったけど、それはそれ。その国の歴史に自分が連なっていることを頭では理解していても、それは「物語」でしかなかった。ぼくにとって日本は、遠い見知らぬ国だった。

結局ぼくは、お母さんの熱意に押されるようにして、留学の募集窓口になっていたブラジル日本文化福祉協会を訪ねた。言われたとおり申し込んではきたものの、しばらくはさすがに不安だった。サンパウロどころか、家を離れて生活したこともないのに、右も左もわからない、言葉も通じない国でやっていけるんだろうか――。

たった一つ、ぼくの心を動かすことがあったとすれば、それは「思う存分サッカーができる」ということ。

大学と二つの仕事の合間を縫って、週末にあわただしく試合会場を駆け回っていた当時の生活からすれば、サッカーにどっぷり浸かって過ごせる二年間というのは、とても魅力的だった。それこそ幼い頃から望んでいたことだったから。そう考えると、日本語を勉強するのも悪くないなと、少し気持ちが軽くなった。サッカーと勉強だけの、ふつうの学生生活というのも一度やってみたい。

経済的な心配もなかった。ブラジルの体育大学を休学している間は学費を払わなくていいし、札幌大学の学費は免除され、渡航費も生活費も含めて全部負担してくれるということだった。部屋も用意してくれるらしい。

セレクションを待つ間、ぼくの心はそんなふうに不安と楽観の間を行ったり来たりしていた。

札幌大学のサッカー部監督が、セレクションのためにサンパウロにやってきたのは、そろそろブラジルの夏も近づく一一月か一二月のことだった。柴田勗《つとむ》先生といって、小柄でがっしりとした四〇代の男性だった。

セレクションの参加者は一〇人ぐらいだったかな。郊外のグラウンドで二組に分かれてちょっとしたミニゲームをやって、そのあと面接で柴田先生と簡単なやり取りをした。選考はそれほど厳しいものじゃなかったと思う。というのは、サッカーの技術はあって、日本でもどこでもいいから思いっきりサッカーをしたいというブラジル人はたくさんいても、「日系人」の「大学生」という条件に合う人はなかなかいなかったから。

選考に残ったのは結局、ぼく一人だった。だけど、柴田先生は最初から二人見つけて帰るつもりだったらしい。ぼくに「一人では寂しいだろう。だれか信頼できるやつがいたら推薦してくれ」と言ってきた。

ぼくは、日系人チームのモシダージで一緒にプレーしていたディフェンダーに声をかけてみた。セルジオ門岡といって、サンパウロ・カトリック大学で心理学を専攻する学生だった。最初に話をした時は「ちょっと考えさせてくれ」ということだったけど、数日後、ＯＫの返事が来た。彼もやっぱり大学や仕事をどうするか悩んで、家族と話し合っていたらしい。彼は日系三世で、九州出身の家だった。

こうして、ぼくは地球の反対側にある、まだ見たこともない祖国へ旅立つことになった。五歳の頃から追いかけてきた、「フッチボウの夢」の続きを見るために。

第二章　家族の中の移民史

◉ジャポネス・ガランチード

「ジャポネス・ガランチード」という言葉がブラジルにある。直訳すれば「保証された日本人」。品質保証書が付くぐらい日本人は信用できる、決して期待を裏切らないという意味だ。

そんな言葉があるほど、日本人や日系人は、ブラジル社会の中で、まじめ、勤勉、誠実、頭がいいと高く評価され、「仕事を頼めば、まちがいなくやってくれる」「約束したことはきちんと守る」と好意的なイメージを持たれてきた。

それは、ぼくたち日系人の父祖が一九〇八年に海を渡って以来、厳しく貧しい生活と過酷な労働に耐えながら築き上げた評価であり、その評価を守り続けてきた努力の証しだ。

おかげで、日系二世であるぼくも知らず知らずのうちに得をしてきたことがあったと思う。まず日本人の顔をしているだけで、信用される。日系人とわかると、能力が期待され、いろいろと重要な仕事も任されやすい。

ブラジルは多くの人種・民族が作ってきた移民国家だ。ポルトガル系、イタリア系、ドイツ系などの白人、アフリカ系の黒人、それからもちろん先住民のインディオ、それらの混血……。その中で、日本人の血を引いているということは大きな強みになっているんだ。商売やビジネスをしていくうえでは、特にね。

ただし、このジャポネス・ガランチードは、単に手放しの称賛というわけではなく、もうちょっと複雑だ。時と場合と、それを口にする人によっては、違う意味を持つ。たとえば、「クソまじめで面白みのないやつ」だったり、「金儲けばかり考えている嫌な野郎」というニュアンスを含んでいたり。

サッカーで言えば「下手なやつ」を意味するスラングでもある。いや、ぼく自身は言われたことないけどね。

それは、日系人とサッカーの歴史からすれば、仕方がない一面もある。だって、かつての日系人は、遊びレベルならいざ知らず、プロの世界で活躍する選手はきわめて少なかったから。そもそも親の世代がサッカーになじみがないうえに、教育熱心なあまり、プロを目指すことを許してもらえない。サッカーを続けていく環境がないから、選手として有名になるチャンスがほとんどない。それは、前に話したぼく自身の経験からもわかってもらえると思う。

そんなわけで、長い間、ブラジル人の中では、「ジャポネス」と「フッチボウ」のイメージは、なかなか結びつきにくかった。日本代表がワールドカップの常連になったり、日本人選手が海外のトップリーグで活躍したりするようになってきた最近では、ずいぶん事情が変わってきているかもしれないけれど。

ブラジルという国で日系人として生きること、ブラジル社会が日系人に対して向けるまなざしには、そんなふうにいろんな側面がある。

ただ、日系二世として生まれ、サンパウロでサッカーとともに育ったぼくがふつうに暮らしている中では、自分に日本人の血が流れているのを意識することなんて、よい意味でも悪い意味でも、ほとんどなかった。

日系人だからといって差別やいじめを受けたり、偏見を持たれたりした経験も、ぼくにはない。そりゃ、「目の小さいジャポネスが来たぞ」と、友達にからかわれるぐらいのことはあったけど、そんなのはよくある軽口、ただの冷やかしだから何とも思わない。

自分のルーツがここととは違う場所にあること、父や祖父が日本という国から渡ってきたということはもちろん理解しているけど、それは移民の国では別に珍しいことじゃない。イタリア系でもポルトガル系でも同じこと。親はイタリア人だけど、ブラジルで生まれ育った子どもはブラジル人。みんなそう考えているし、それで何の不都合もない。日本人であろうが何であろうが、それは一緒。自分はあくまで、たまたま日本にルーツがあるだけの、ふつうのブラジル人だと思ってきたし、いまもそう思っている。

でも、日本に住んで二〇数年、それも、移民の旅立ちの地になった神戸に暮らすようになって、自分の家族の歩みや移民の歴史について、多くのことを知った。さまざまな人たちの思いに触れた。ブラジルで暮らしていた時には意識しなかったこと、知ろうともしなかったことがたくさんあったのも事実だ。

いまこうして日本で暮らしているのは、たまたまだと思っているけど、その偶然の巡り合わせによって、ぼくは自分のルーツを見つめ直すことになった。そして、大事にしたいと思うようにもなっている。

●二代続きの移民

ここに一編の手記がある。

ぼくのお父さんのお兄さん——前に話した、ぼくが子どもの頃にサンパウロでバルをやっていたおじさん——が、松原家の来歴を調べてまとめた三三年前の文章だ。

ぼくのお父さんは、いちばん上に歳の離れた姉が一人、その下に男四人が続いた五人姉弟の三男で、名前は松原千秋といった。手記を書いたのは三歳上の次男、静也おじさん。姉弟の中でいちばん勉強好きで、日本語の文章を書いたり、本を読んだりするのが好きな人だった。習字も得意で、よくやっていた。木彫りの仏さまにきれいな毛筆の字で家名を書き入れて、親戚に配ったりね。ぼくも一つもらって、大事に持っているよ。

そのおじさんが、松原家の「在伯五〇周年」、つまり、ぼくの祖父母とその子どもたち一家七人が一九三二年に北海道からブラジルへ渡って半世紀の節目を記念して書いたのが、この手記だ。いまの日本では使わないような古い言い回しや難しい漢字も出てくるけれど、これを読めば松原家の歩みや移住の経緯をよくわかってもらえると思う。

『在伯五〇年を回顧して父母の霊に捧ぐ』

今より凡《およ》そ百三〇年前、即《すなわ》ち徳川三百年の大平の夢漸《ようや》く醒めんとする黎明期、嘉永五年鳥取藩の士族として生れた祖父、松原貞一《ていいち》は、その青年期を明治動乱のさなかに過した。明治二年六月、版籍奉還した藩主につゞき祖父貞一は、当時新政府の奨励に依《よ》る第一回士族移民の一番組として一女二男を引具、北海道（当時蝦夷《えぞ》地）へ移住したのは三十二才、明治十七年であった。

安政、萬延、文久、元治、慶応と目まぐるしい時代の流れにおし流されて、永年の武士を捨てて一介の百姓になった祖父の気持ちは察するに余りあるものとして当時を偲《しの》び転々感慨無量である。

初めに上陸したのは釧路市黒金町付近の沼沢地で、ほつん〳〵と建てられた開拓小屋に落ちつき、翌日から一家総出の畠仕事。母親（祖母コウ）など旧士族の奥方たちは長袖にたすきをかけて、針より重いものを持った事のない手に鍬《くわ》をにぎり、食わむが為に文字通りの死斗が初まる。時をり鍬にカチリとあたる鹿の角を、野に遊ぶ子供たちにおもちゃにと云って投げてよこした。

夜ともなれば、オヽカミの遠吠が家のまわりをとりまいて無気味な北国の夜は更ける。平和だった鳥取の城下町のたゝずまい。いま、さい涯《はて》の地に生きて不安な行末を思ひて、どんな気持ちであっただろうか。当時蝦夷はわれ〳〵の想像もできない僻地であった。本国より師範農として連れてきた農民たちも気候が本州と違ふため、余り役に立たず、だん〳〵苦しい開墾から足を洗い、その頃開きかけた釧路方面へと移転していった。

明治十九年七月二十七日生れの父がもの心ついた時は、相当手広く瀬戸ものの商ひをやって、大勢の人をつかってゐた。

そして父が十五才の時、明治三十四年十一月十三日、文献に依れば洲崎町、眞砂町の六百六十戸を焼く大火に遇った。全財産を一夜にして灰燼《かいじん》に帰し呆然自失の祖父を慰め、一女五男の死にもの狂ひのはたらきが初まる。幸い奇特な知人がゐて祖父のサムライ気質を見こんで全資本を貸してくれたので勇気百倍、二、三年のうちにもとの繁栄をとりもどした。

そうこうしてゐるうちに父は意を決して上京、文字通り苦労力行、ある時は車曳き（人力車夫）、ある時は新聞配達と学資を稼ぎながら麻布の獣医学校を卒業した。父の青年期は向学の希望に燃えて、まさに充実した明けくれであった。卒業後、近衛騎兵に入隊、少尉に任官。縁あって遠藤家の三女とめと結婚、北海道江別に居を構へ開業。獣医として二〇年、その間かづ〳〵の公職を歴任、名を残した。

越えて昭和七年、一女四男を引具、南米伯国［ブラジル］へ移住。祖父は明治初期の動乱を経て士族移民として北海道へ、父は昭和の不況を逃れて国策移民として南米へ、父祖二代の移民は蓋《けだ》し奇しき因縁と謂《い》ふよりのほかなし。

一粒の麦、地に落ちて多くの実を結ぶ。一家七人の渡伯後、末広がりに栄へて一族郎党ひとりも欠《か》けることなく、その数かぞへて七十七人、営々発展の一路を辿るはまことに壮観と謂ふべし。

地の裏に住みつきてよし　はらからは

末広がりて千代に栄へむ

顧りみて吾々《われわれ》の越へきし幾山河、決して平坦ならず、一昔一〇年として五〇年。それは指折りかぞへて、むかし、むかし、そのむかし、そのまたむかしのまたむかしと実に気の遠くなる様ながい〳〵歳月であった。

母は五十五才の若さで逝った当時、心臓弁膜症の治療は、はかばかしくなく、出聖〔聖は聖保羅《サンパウロ》のこと〕後間もなく、まだどっちつかずの吾々を残して異郷に逝った母は嘸《さぞ》心残りのことだっただろうと痛恨やる方なく今だに慚愧《ざんき》に堪へない。父はその後丈夫に生きて二十五年ぶりに訪日、兄弟にも逢へた。旧友にも逢へて先祖の墓参りもできた。もう思ひ残すことはないと喜んで、帰伯後病んで七十八才で他界。これは吾々も力の限りつくした事であって見れば、致し方無いことゝ思ふ。然《しか》し存命中訪日ののぞみが叶へられて吾々も孝養のまねごとができたと喜んでゐる。

今静かに眠るサンパウロの墓地に額き、遠く祖国をはなれて地の裏に悠久につゞく民族の祖となりし父母の霊よ、いま、われ等此処養国ブラジルを第二の祖国として祖先の遺風を顕彰、眷属《けんぞく》相和し、以って永代にその霊を弔わむ。

昭和五十七年六月二日
貞一四男緑　次男

松原静也　記

※［ ］内は引用者の註釈。明らかな誤記の訂正、句読点と改行の追加を行っている。（松本創）

ひいおじいさんの貞一の代に鳥取から北海道へ、おじいさんの緑の代に北海道からブラジルへ。松原家は二代続けて新天地を求め、移民になる道を選んだわけだ。静也おじさんが手記に書いているとおり、不思議な運命と言うしかない。

●海を渡った一族の歩み

この当時の古い写真がブラジルに残っていたのを何枚かお母さんから送ってもらい、手元に持っている。

北海道の帯広で貞一と息子たちが牛乳製造の仕事をしている様子。一九〇〇年と記録にあるから、大火事に遭って全財産を失う少し前だね。釧路あたりで商売をしていたらしいけど、同じ時期に牧場経営もやっていたんだろうか。江別で貞一・コウ夫婦が開いていたらしい酒屋か何かの店内風景は一九一四年とある。陳列棚には、酒瓶かな、商品がぎっしり詰まり、店番をする若い頃のひいおばあさんはきちんと髪を結って、とても豊かな時代に見える。火事のショックから立ち直って、生活が安定していた頃だろうね。

それから、おじいさんの緑が陸軍少尉に任官した時の記念写真。これは一九一〇年。軍服姿で、精悍な顔つきだ。その後に江別で獣医をしていた頃、地域の名士らしい人たちと並んだ集合写真では、蝶ネクタイの正装で写真に収まっている。

北海道・帯広で牛乳製造をする著者の曾祖父・松原貞一と息子たち。1900年。

ぼくのお父さんたち五人姉弟――上から、幹、正樹、静也、千秋、千里――が、ずいぶん幼い頃に子どもたちだけで撮った写真もある。男兄弟は四人とも刈ったばかりのようにきれいな坊主頭で、正樹、静也、千秋の三人は、よそ行きの正装なのか、学生服みたいなそろいの上着を着ている。年代ははっきりわからないけど、見たところ、お父さんは五歳ぐらい。ブラジルへは一〇歳で渡っているから、その五年ほど前、昭和になってすぐの頃だろうね。

とにかく、これら北海道時代の写真からわかるのは、昭和のはじめ頃まではわりと裕福な、安定した生活をしていたらしいこと。

それが、一九三二年、一家はブラジルへ渡ることになる。いまから八二年前、おじいさんが四五歳の時だ。二〇年にわたって江別で獣医を開業し、地域の公職をいくつも務める名士だったというおじいさんが、移住を決心したくわしい経緯はわからない。それほど生活に困っていたのか、だれかの誘いや勧めがあってのことだったのか。当時、日本の政府は国策として、ずいぶん移民を奨励したそうだから、その流れに乗って行ったことはまちがいない。

ただ、どういう理由だったにしても、はじめのうちは二、三年働いてお金を貯めたら日本へ戻るつもりだったらしい。親戚からそんな話を聞いたことがある。うちの家だけじゃなく、当時はみんなそうだったって。出稼ぎみたいな感覚だね。

でも、広大なブラジルの農地で懸命に働くうち、だんだんと生活基盤ができ、子どもたちも成長する。やがて家族も増えてきて、そう簡単には戻れなくなってくる。そのあたりの事情は、ぼくにもよく理解できる。二〇数年前にサッカーの仕事で呼ばれて再来日した当初は、ぼくも「二年で帰ろう」と思っていたからね。ところが、仕事や生活を取り巻く環境、家族のこととか、いろんな条件が変わってくると、だんだん考え方も変わっていく。それは仕方のないことだ。

おじいさん一家は一九三二年四月一八日に、神戸港から「リオデジャネイロ丸」という船に乗り、四五日後の六月二日にブラジルのサントス港へ着いた。そこからすぐ、アラサトゥーバ市へ向かったそうだ。ぼくの育ったサンパウロ市とは同じ州内ではあっても、西へ六〇〇キロも離れていて、もう隣のマットグロッソ州に近い。サンパウロ州は、日本と同じぐらいの広さがあるからね。で、その州西部でいちばん大きな町アラサトゥーバをまずは目指し、最終的にはさらに隣のグアララッペスというところ——いまは市だけど、当時はちょっとした村といった程度だろうな——に落ち着いた。そして、そこで農業をはじめたんだ。最初はコーヒー農園だったと聞いたことがあるけど、後には、綿やジャガイモとかの作物を畑で作ったりしたかもしれない。コロニア（入植地）には、いろんな仕事があったからね。

仕事は厳しく、生活はとても大変だったらしい。おじいさんは北海道にいた子どもの頃、牧場の仕事を手伝った経験はあるみたいだけど、百姓をやったことがあるかどうかは知らない。どちらにしても、日本の獣医の資格は向こうでは使えないから、うまく行かなくても、慣れない仕事をやるしかなかっただろう。家畜の世話とか、牛や馬が病気になったりした時は、知識や経験が多少役に立ったかもしれないけれど。

そんな生活を一七年も続けた後、一家は農業に見切りをつけて、一九四九年にサンパウロ市へ出た。その頃には長男の正樹おじさんが三三歳、次男の静也おじさんは三〇歳になっていたから、二人が大黒柱となって商売をはじめた。それが、ピニェイロス地区にあったバルだ。いちばん上のお姉さんの幹おばさんはブラジルへ渡って四年後に結婚して、すでに家を出ていた。三男だったぼくのお父さん、千秋も一九四八年に結婚してすぐ、パラナ州のロンドリーナ市に移り住んでいた。いちばん下の千里おじさんは一緒にサンパウロへ出て、自動車整備工の仕事に就いた——。

と、ここまでが、ブラジル移住からぼくが生まれるまでの松原家の大まかな流れだ。

ぼくが生まれた時には、もうおばあさんは亡くなっていて、おじいさんは、正樹おじさん、静也おじさんと一緒に、店のある建物で暮らしていた。家の近くだったから、ぼくもよく遊びに行った。でも、小さかったから、昔の苦労話やおじいさんが何を思っていたのか直接聞いたことはない。孫から見れば、ごくふつうのやさしいおじいさんだったよ。亡くなったのは、ぼくが中学生の時だったかな。家族を病床に集めて、孫たち一人ひとりにおこづかいをくれたのを覚えている。

この手記を書いた静也おじさんは、ほかにも、ポルトガル語で記した松原家の年表と、この時点で七七人になっていた松原家の「家系図」を作り、残してくれている。全員の名前と生年月日、結婚した相手と結婚の日付を記した一覧表だ。彼の息子が手伝って一緒に作ったそうだけど、これを完成させるのは、時間も手間もかかる作業だっただろう。一族の歴史と家族の結びつきを大事にする気持ち、それをちゃんと記録して語り伝えていかなければならないという強い責任感があったんだと思う。

そして、そういう根気のいる仕事にコツコツ打ち込み、やり遂げてしまうところが、まさにジャポネス・ガランチードなのかもしれない。

この手記を書いた頃、静也おじさんはすでにバルの経営から離れ、独立して自分で小さな店を構えていた。針や糸、ボタンやファスナー、ベルトのバックルといった手芸用品や服の装飾品を主に扱っていて、文房具や雑貨、時には花火なんかも売っていたよ。ちょっとした装飾品なら、自分で作ったりもしていた。手先が器用で、細かい作業が得意だったのも、やっぱり日本人の血なんだろうか。

その静也おじさんも、ぼくのお父さんもすでに亡くなり、八二年前に海を渡った一家七人のうち、生きているのは、いちばん下の千里おじさんだけになった。いま八五歳ぐらい。少し前にブラジルへ帰った時に会ったけど、まだまだ元気だったよ。

●食卓にあった「日本」

一方、ぼくのお母さんは北海道の旭川で生まれ、小学校へ上がる前、五歳ぐらいの時にブラジルへ渡っている。名前は花子で、旧姓は加藤。いちばん上にお兄さんがいて、その下に四人姉妹が続いた五人兄姉。だから松原家とちょうど逆だね。お母さんは三女だった。いま八五歳で、サンパウロ市内のぼくの兄貴の家の近くに独りで住んでいる。八二、三歳になるいちばん下の妹も近くにいる。つい二年ほど前までは、ぼくが生まれたパラナ州のロンドリーナにお姉さんもいたんだけど、もう亡くなってしまって、いまはその子どもたちだけになっている。

母方の家の歴史については、あまりくわしく知らないんだ。ただ、加藤家も、松原家とほぼ同じ時期にグアララッペスへ行って、同じコロニアに入ったようだ。もしかしたら、北海道から来たということで、みんな同じところに入植したのかもしれない。

お母さんは、グアララッペスで小学校に行きながら、日本語学校に入って日本語を勉強したそうだ。家では、言葉はもちろんだけど、日本式の料理やしつけを母親からずいぶん厳しく仕込まれたみたいだね。

だから、ぼくの家では、日本の家庭料理がごくふつうに食卓に上がっていた。白いごはんに、おかずは味噌汁と野菜炒めとか。豆腐や納豆もあった。そういう食材や味噌・醤油などの調味料は、近くの店でだいたい手に入った。梅干しや漬物、それにらっきょうや生姜なんかは、お母さんが自分で漬けていたしね。といっても、生活は貧しかったから、そんなにたくさん品数が並ぶわけじゃない。おかずが一品しかないこともよくあった。そういう時はご飯に卵をかけて食べていたな。ぼくはそれ、結構好きだったけど。

そういう日本の料理が半分ぐらいで、あとはブラジルの料理、たとえばごはんに豆のスープをかけるフェジョンとかお肉とか、そういうのが日によって代わる代わる出てくるような感じかな。まあ、お肉はごくたまにしか食べられなかったけど。

お正月になったら親戚の家にみんなで集まって、ごちそうを食べる。マグロのお刺身が食べられるのが、年に一回のぜいたくだった。それから、巻き寿司やいなり寿司。子どもたちは競うように食べていた。うちのお母さんはいなり寿司が得意で、いまもよく作っているよ。漬物やらっきょうも、いまだに漬けてる。

うちの料理は味付けも手順も、基本的にすべておばあちゃん譲りだったと思う。移住した時に親だった世代は、日本でのやり方をそのまま守って、それを子どもにも伝えたからね。彼らは日本に住んでないだけで、心は日本人のままだった。いずれ日本に帰るからという思いもあっただろうし、自分たちの食や文化に対する誇りや思い入れもあっただろう。古い日本の考え方をそのまま残すようにと、ぼくのお母さんは教え込まれ、受け継いだわけだ。

だから、しつけも厳しかった。食べている時に、口の中に食べ物を入れてしゃべるのは行儀が悪いから飲み込んでからにしろとか、音を立てて食べるなとか、よく言われたもんだよ。ブラジル人はそういうこと言わない。あと、「文句言わないで、出された物は何でも食べなさい」「全部食べないともったいない」というのも、しつこく言われた。まあ、貧乏な家だったから、好き嫌いなんて言いはじめたら食べる物がなくなるぞ、という意味で繰り返し言い聞かせていたんだろうね。それから当然、「いただきます」に「ごちそうさま」。食事以外でも、親や年上の者に対するあいさつや礼儀作法にはうるさかった。

サンパウロの最初の家の前で父と母、兄弟と。前列中央が著者。1956年頃。

ぼくの小さい頃は、お父さんが写真屋に働きに行っていて、いつも帰りが遅かったから、食事はお母さんと兄貴とぼくの三人で、だいたいそんな感じだった。弟はまだ赤ちゃんだったしね。

たまにお父さんが食卓にいた時も、特に何か言われた記憶はないなあ。お父さんはもともと、おとなしいというか、無口で物静かな人。写真を仕事にしていたぐらいだから、ちょっと芸術家肌のところもあって、わりと自由な考えの人だったように思う。子どもに話しかける時も、お母さんと違ってほとんどポルトガル語だったし、厳しくしつけをしたり、あれしろこれしろと命令したりする人じゃなかった。ぼくがサッカーをやることに関しても、やりたいようにやればいいというスタンスだったよ。

そんなふうだったから、ぼくらの教育については、ほとんどお母さんが方針を決めていたんじゃないかな。

ぼくが五歳ぐらいの時にサンパウロの家の前で撮った家族写真があるんだけど、いまあらためて眺めてみると、お父さんはおしゃれで、ちょっと映画スターみたいな雰囲気があるね。亡くなったのは一九九二年。七〇歳だった。お母さんは小柄だけどキリッとした表情で、記憶の中にあるとおり、厳しい母親という感じがする。

◉何ごとも「日本式」に

日本式を受け継ぐということで言えば、名前もそうだね。

ぼくのフルネームをブラジル風に言えば、ネルソン・勝・松原。「勝」は、文字どおり「勝つ」という願いを込めて両親が付けたそうだ。兄貴はエルネスト・千春。長男だから、お父さんの千秋から一文字取っている。その名づけ方も日本的だよね。弟はパウロ・暁《さとる》。ブラジル名と日本名が二つ並んでいるけど、これはそうしなければならないと決まっているわけじゃなくて、どっちかだけにしてもいいんだ。親が両方付けたいと思ったら、登録する時に届ければいい。

静也おじさんが作った家系図を眺めてみると、松原家の二世まではほとんどがこのパターンになっている。ペドロ・ヒロシ、マルシア・サチエ、レジーナ・ハルミ、ジョルジュ・テツヤ、フェリシア・ミチヨ……。向こうへ行ってすぐ結婚した幹おばさんの子どもは、フミ、エミ、コウジ、ミドリと日本名だけの人もいるけど、ブラジル名だけの人は二世の中にはほとんどいない。

というのも、ぼくのお父さんの五姉弟は、全員が日本人・日系人どうしで結婚しているんだ。あの世代はそうするのがふつうだったんだね。日系人は日系人どうしで結婚して、子どもも日本式の文化や考え方に沿って育てていくというのが。

ぼくもお母さんからよく言われたよ。「結婚相手はできれば日系人にしなさい」って。そうじゃないと許さない、というほどでもなかったし、ぼくもそうこだわったわけじゃないんだけど、選んだ相手は結果的に日系人だった。うちの兄弟は三人ともそうだ。

やっぱり日系人は集まって住んでいることが多いし、仕事とかコミュニティを通じて、自然と日系人どうしの出会いが多くなるんだね。日系人クラブもあれば日本語学校もある。出身地別の県人会とかコチアみたいな組織を中心にして、いろんなイベントや季節ごとの行事もあったからね。

前に運動会の話をしたけど、ほかにも日本の行事はたくさんあった。毎年夏には、盆踊りが盛大に開かれていたし、何かのお祭りの時には大きな体育館を使って、のど自慢大会があった。ちゃんとギターやアコーディオンの伴奏がつく本格的なやつ。特に年寄り連中に人気があって、みんな日本の歌を歌っていた。テープに合わせて歌うカラオケだったら、宴会や祝い事とか、ちょっとした集まりでしょっちゅうやってるしね。それから、月に一回ぐらいあった日本映画の上映会。ぼくが覚えている『黄色いからす』も、そこで見たはずだ。

子どもの育て方、家族や親戚間の付き合い、独自のコミュニティと、さまざまな行事。いろんなところで、日系人社会は「日本の文化」や「日本人らしさ」を大切にし、それを守り伝えていく場を自分たちで作っていた。

たとえば、ぼくが最初に柔道を習った日本語学校。ここは、スガイさんという人が個人的に作った塾みたいなものだった。お金持ちだったのか、わりと大きな家でね。その家のおばさんが自宅に子どもを集めて、読み書きや日本の歌や遊びを教えていた。柔道の先生は、スガイさんの息子さんだった。

ぼくの近所の子どもたちは、小学生ぐらいになると、親の勧めでだいたいみんなそこへ行っていたけど、ほかの町でも日系人が住んでいるところには、だいたい地域に一つ、同じような学校があったみたいだね。公的な教育機関ではないから、地域の人たちがお金を出し合って運営していたのか、スガイさんみたいにちょっとお金のある人が個人的にやっていたのか、そのへんはいろいろだと思うけど。

ただ、三世以降になると、こういう考えもだんだん崩れてくる。彼らの世代は、ぼくら以上に日系人という意識は薄いから日本の文化や言葉を学ばないといけないとも思わないし、結婚相手は日系人に限るなんて考える人はほとんどいない。その結果、混血も進んで「日本人らしさ」は失われていく。それは別に悪いことじゃなくて、ブラジル社会でふつうに暮らしていれば自然なことなんだけど、ぼくたちにさまざまなことを伝えた一世の親世代はさびしく思っているかもしれないね。

◉勉強とサッカー

日本語に限らず、日本人の教育熱心さはブラジルでは有名だ。ぼくは勉強はあまり得意じゃなかったけど、それでも結構やらされた。

中学校は公立だったけど、小学校卒業後に予備校へ通って、フェルナン・ディアス・パイスという、中高一貫の学校に行った。サンパウロで二番目にレベルが高くて、試験を受けないと入れない。日系人はみんなそこを狙っていた。試験科目は、国語、数学、英語、フランス語、歴史、物理学とか結構多くて大変だったけど、ぼくはぎりぎりで何とか入った。入ってみれば、五クラスぐらいあって、生徒の半分は日系人だった。

大学進学率も、日系人はすごく高い。ぼくの世代だと、八割……というのは言い過ぎかもしれないけど、行ってない人の方が圧倒的に少ない。それはやっぱり一世の親世代の考えだね、大学まで必ず行くべきだというのは。

うちの両親みたいに子どもの頃に移住した一世だと、すごく貧しくて、百姓をやっていると仕事も大変で、高校へ行きたくても行けなかった人も多い。でも、彼らが子どもを、つまり、ぼくらの世代を育てる頃になると、百姓をやめて町へ出てきて、借金もなくなり、生活も少しは安定しはじめたから、自分の子には絶対大学まで行ってほしいと考えたわけ。将来のことを考えたら勉強がすべてだからって。

勉強すればいい大学に入れて、いい仕事ができる。収入もいいし、社会的地位も高い。いろんな面で生活がよくなる。そんな考えが日系人の中ではすごく強かったし、実際、あの時代はそのとおりだったんだと思う。医者、弁護士、エンジニア、大学の教授。周囲から「ドクター」と呼ばれる仕事。ぼくの従兄弟だけでも何人もいる。だいたいみんな勉強することが好きなんだよね。そこは、ほかの国民とは違う日系人の特徴。

ぼくのお母さんが、サッカーでプロを目指すことを許さなかったのは、そういう日系人社会の考え方がある。サッカーをやるのは勉強ができない人。サッカーばかりやっていたら大学に行けない。そんなイメージがどうしてもあった。

「ジャポネス・ガランチード」という言葉が二つの意味を持つ理由は、そこにある。一つは、これまで話したような、ぼくのおじいさんの世代から日系人の生きてきた歴史を全部ひっくるめて、日本人の勤勉さ、コツコツと努力する姿に対する、ブラジル人たちの素直な尊敬の気持ち。もう一つは、勉強ばっかりしていて、サッカーも上手くない、面白くないやつ。二つの意味は、背中合わせなんだ。

ただ、繰り返すけど、ぼく自身は、自分がその日系人の歴史や特徴を受け継いでいるとは、あまり思ってなかった。食卓に日本食が並んだり、礼儀作法をうるさく言われたり、母親が日本語を話したり、あるいは柔道をやったり、たしかに日本の文化に接してはいたけれど、それはあくまで家の中や日系社会という限られた中だけのことだったし、表面的なものに過ぎない。精神的には、自分はブラジル人だと思って育った。

昔のことを振り返って、ああ日本人ぽいなあと思ったり、自分の中に日本人の血が流れているのを意識したりするようになったのは、日本に住むようになってから。ずいぶん最近のことだよ。

第三章　ブラジルから来た留学生——札幌

◉大学サッカー「変革」の使命

サンパウロのコンゴニャス空港を発って、機中で二四時間、ニューヨークでのトランジットを含めると二七時間あまりの旅路を経て、ぼくは父祖の国、日本へはじめて降り立った。

一九七三年三月下旬のこと。ぼくは二一歳だった。

ブラジルの日系人チーム、モシダージで一緒にプレーしていたディフェンダーのセルジオ門岡と一緒に羽田空港に着くと、札幌大学サッカー部監督の柴田勗先生が迎えに来てくれていた。ぼくたちは少し緊張しながら、柴田先生に連れられて、その日一泊することになっていた東京都内のホテルへ向かった。

荷物はスーツケース一つだけ。中身は、練習用のユニフォーム二、三着、スパイクとストッキング。フットサルのボールとルールブック。ジーンズと、服や下着の着替えが何組か。あとは、退屈しのぎに雑誌を持ってきたぐらいだ。フットサルのルールブックは、柴田先生に持ってくるよう言われていた。

ホテルに行く途中、どこかの喫茶店に入った。食事をしながら、これからの生活のこと、学校のこと、それと、もちろんサッカー部の練習や今後の試合予定について、柴田先生から説明があった。お母さんとの会話のおかげで、日本語を聞き取ることだけはできたぼくは、わずかに覚えていたカタコトで答え、先生の言葉を逐一ポルトガル語に訳して、隣に座っているセルジオに伝えた。日系三世の彼は、日本語がまったくできなかった。

札幌大学サッカー部監督（当時）の柴田勗（中央）、セルジオ門岡（左）と。1973年、札大研究室にて。

祖父母や両親の国に来た、という感慨はそれほどなかった。それより、見るものすべてが珍しかった。

東京は、ぼんやりイメージしていたのと違って、背の高いビルが建ち並ぶ近代的な大都会だった。子どもの頃に見て、日本の風景を想像する手がかりになっていた映画の『黄色いからす』は、たしか鎌倉が舞台で、板塀に石段、細い路地、お寺……といった古い町並みが印象に残っていたから、そのギャップに驚いた。ビルの谷間や雑踏を歩いていると、ちょっとごちゃごちゃして狭苦しい感じがしたけどね。

翌朝の飛行機で着いた札幌は、逆にすごく広々として開放感のある、整然とした街に見えた。ちょうど一年前に冬季オリンピックが開かれてきれいになっていたから、余計にそう感じたのかもしれない。

でも、それより何よりびっくりしたのは、すべてが雪に覆われていたこと。千歳空港からバスで市内へ向かう車窓の風景は、右を見ても左を見ても延々真っ白。除雪された雪が道のわきに積み上がり、バスの窓の高さを超して二メートル以上になっていた。

雪を見るのなんか、もちろんはじめてだ。珍しくて思わず見入ってしまったけれど、同時に、こんなところでどうやってサッカーをやるんだ？　と思ったよ。しかも、旅立ってきたばかりのブラジルは真夏。気温の落差がすごい。ああ、地球の反対側に来たんだなあと実感した。札幌はその時季、マイナス一〇度ぐらいになるからね。ブラジルは寒い時でも、せいぜい二、三度。氷点下になることなんてないから、分厚いジャンパーや手袋なんか持っていなかった。一着だけ防寒着のつもりでスーツケースに詰め込んできた薄手のジャンパーは、まったく役に立たなかった。

札幌大学は、札幌市南部の郊外、羊ヶ丘の近くにあって、当時まだ新しい学校だった（一九六七年開校)。キャンパスから道を一本隔てたところにラーメン屋と喫茶店が並んでいた。

ぼくたちに与えられた部屋は、そのラーメン屋の二階のアパートふうの一室だった。

扉を入ったところがダイニングキッチン。玄関わきから奥へ、トイレ、風呂、台所と並んでいた。部屋は二つ。手前をぼくが、奥をセルジオが寝室に使った。間取りで言えば2DKかな。はじめて親元を離れ、二年間暮らす下宿としては、申し分ない環境だった。

ラーメン屋は柴田先生の奥さんとその母親であるおばあさんの店で、棟続きになっている隣の喫茶店は奥さんの弟がやっていた。喫茶店の上にはそのラーメン屋のおばあさんが住んでいた。くわしくは聞かなかったけれど、親族で借りていた建物の一部屋を、柴田先生がぼくたちに無償で貸してくれたんだと思う。それだけじゃない。食事は朝昼晩の三食、奥さんやおばあさんが用意してくれた。ラーメン屋がぼくらの食堂だった。それも無料のね。

ぼくたちの学費は免除されていたけれど、日々の食費や生活費、それにサッカーの道具などはほぼすべて、柴田先生が個人で面倒を見てくれたんだ。ストッキングやシューズが必要になれば用意してくれたり、一緒に買いに行ったりした。「次の大会で優勝したら、いいスパイクを買ってやる」と言われることもあった。そうやって自腹を切ってでも、札大サッカー部を強くしたい、ブラジルのサッカーを取り入れてレベルアップさせたいという熱意を、柴田先生は持っていた。

ぼくたちは、札大ではもちろんのこと、日本の大学にサッカー留学してきたはじめての日系ブラジル人だった。

社会人の日本サッカーリーグ（通称ＪＳＬ。一九六五年に創設、日本プロサッカーリーグ＝Ｊリーグ開幕前年の一九九二年に発展解消）では、その少し前から、日系人を中心にブラジルの選手を呼び寄せるようになっていた。

第一号は、ヤンマーディーゼル（現・セレッソ大阪）に入ったネルソン吉村（一九六七年来日。後に帰化して吉村大志郎に）。釜本邦茂とのコンビがよく知られているよね。続いて黒人のカルロス・エステベス（一九六九年来日）、日系人のジョージ小林（一九七一年来日）が相次いでヤンマーに加入した。ぼくがサンパウロでプレーを見ていたセルジオ越後（一九七二年来日）は藤和不動産（現・湘南ベルマーレ）。ジョージ与那城（同年来日）は読売クラブ（現・東京ヴェルディ）。本田技研にも日系人選手がいたな。

ぼくが留学してきた時点で、六〜七人はＪＳＬでプレーしていたと思う。いや、もう少し多かったかな。いずれにしても一〇人未満だ。つまり、この一九七〇年前後というのは、ブラジル・サッカーが、ブラジル人選手によって日本へ伝えられた最初の時期。ブラジル流を取り入れることで、日本サッカー界が変わろうとしていた時代だった。

大学にも広がってきたその流れの先頭に、ぼくたちは立っていた。期待の大きさを感じないわけにはいかなかった。

●「ただ走るサッカー」への戸惑い

当時の大学サッカー界でナンバー1の強豪と言えば、早稲田。それから中大(中央大学)、大商大(大阪商業大学)、筑波、法政といったところ。札大は新興大学だったけど、柴田先生の熱心な指導もあって北海道内ではいちばん強く、全道大会ではいつも優勝していた。そこそこ戦えた相手は北大(北海道大学)ぐらいじゃないかな。だけど残念ながら、その北海道自体のレベルが低かった。全国大会はいつも一回戦負け。まずは全国で一つ勝つことが札大の目標になっていた。

サッカー部の練習は来日してまもなくはじまった。といっても、グラウンドは一面の雪だから、体育館でやるしかない。数人でパス回しをする「鳥かご」、トラップやリフティング、ヘディングの反復、フィジカルトレーニングといった基礎練習が中心で、ゲームを想定した本格的な練習は五月になって雪がなくなってからのことだ。北海道が雪国のハンディを負っているのは仕方がない。屋内施設も当時はそんなに立派なものはないし、グラウンドにしても、芝生のサッカー場なんて当然ない。冬はまったく使えなくなるわけだからね。

ただ、それだけじゃなく、サッカーに対する考え方というのか、戦術やプレースタイルの面でも、札大はまだまだ遅れていた。グラウンドで練習をはじめてから、それがわかってきた。

当時の札大のスタイルは、自陣から長いボールを蹴って、それを追いかけてみんなで走る、いわゆる「キック・アンド・ラッシュ」だった。当時の標準的なフォーメーション――バック（ディフェンダー）四、ハーフ（ミッドフィールダー）三、フォワード三の四・三・三――で言えば、こんな動きになる。

味方がボールを持つと、まず右か左のウイングを前に走らせて、キーパーかバックがロングパスを蹴る。と同時に、みんなが一斉に上がる。最初のパスを受けたウイングか、もしくは、だれか前線に上がってきた選手が相手ゴール前に放り込む。そこへセンターフォワードあたりが走り込んで、シュートに持ち込む。だめだったら、後ろに戻すか、ちょっとサイドに振って体勢を整えてから、もう一度ゴール前にクロスを上げて……。

パターン練習と言えば、そればかりだった。短いパスやドリブルはほとんど使わない。長いパスを二、三本、せいぜい四本ぐらいでゴール前に到達するようなサッカーだね。ほとんど縦方向にしか動かないから、だれもまわりを見ていない。で、相手にボールが渡れば急いで自陣方向へ戻る。走って戻る、走って戻るの繰り返しだから、無駄な体力を使うことにもなる。

ぼくのポジションは、ブラジル時代と同じようにハーフの上がり目。いわゆる左のトップ下にいて、ゲームメーカーだった。セルジオ門岡はハーフの真ん中で、位置は下がり目。ボランチだ。だけど、そういう戦術だから、ぼくら中盤はほとんどボールをさわる機会がない。相手のクリアボールか、こぼれ球が来たら拾うぐらい。拾ったとしても、セルジオ以外にパスを通す相手がいない。みんな、とにかく前へ前へ進む意識しかないからね。となると、自分でボールをキープしてドリブルで上がるか、一緒になってボールを追いかけるしかない。スペースを見つけて、そこでパスを待っていても、ボールは頭越しに飛び交うばかりで、回ってこないんだから。

要するに、短いパスをつなぎながら中盤でゲームを組み立てるという発想そのものがチームにはなかったんだ。ぼくが最初に抱いた違和感はそこだった。

ボール・コントロールの技術に優れた選手は何人かいたし、速いプレーのできる選手もいた。なのに、戦術がキック・アンド・ラッシュ一辺倒じゃ、彼らを活かせないじゃないか。ただボールを強く蹴って、ひたすら走るだけじゃ、攻撃パターンは単調になるし、パワーと足の速さだけで勝ち負けが決まってしまう。自分がゲームメーカーを任されているのに、そもそもボールが回ってこないから組み立てようもないじゃないか——。

最初の二、三か月はそんなことを思って悶々としていた。チームの様子を見る意味もあったけど、考えを伝えようにも言葉を満足に話せないしね。セルジオとは、よく話していたけどね。「これじゃ自分たちのいる意味ないよなあ」って。

全国で勝てるチームにするという目標も大切だけど、単に勝ち負けだけじゃなくて、ゲーム内容やプレーの質をレベルアップすることのほうがもっと大事。それには、まずチームのプレースタイルを変えなきゃいけないというのが、最初の印象だった。蹴り合うサッカーじゃ先は見えない。選手それぞれの持っている能力をもっと使って、「つなぐサッカー」にすれば攻撃の展開もいろいろ考えられるし、ゲームをコントロールできる。みんながボールをさわる時間が増えて、個人技もさらに磨ける。ぼくはそう考えていた。

ところが、ぼくらがチームのやり方を理解できずフラストレーションを溜め込んでいったように、部員の間でも、ぼくらに対する不満が募っていたみたいだ。「なんでブラジル人は走らないんだ」「あいつらサボってるじゃないか」ってね。札大はああいうスタイルだったから、よく走る選手はいっぱいいたんだ。長い距離をものともしないで、フィールドを前後に行ったり来たりできるのがいい選手ということになっていたんだね。もちろん、よく走る・足が速いというのも一つの能力で、必要な場面も当然あるんだけど……。

お互いの考えを理解するのはなかなか難しかった。そして、そのうち衝突しはじめた。日々の練習やミーティングで、不満をぶつけ合うようになったんだ。こっちは「なんでパスをくれないんだ」「なぜこんなにつながらないんだ」と言い、向こうは「早く前へ進めることを考えてるだけだ」「パスがほしけりゃお前も走れ」と言う。かなり激しい言い合いもあったよ。練習試合の最中にフィールド上で怒鳴り合ったこともある。サッカー観の違いが、お互いに相手への不満となって溜まっていたのが、こらえきれなくなって爆発してしまったんだ。

ただ、それで嫌になったり、ブラジルに帰りたいと思ったりすることはなかったね。ぼくはサッカーをするために来た。札大のサッカー部を強くするために招かれた。その目的を果たすには「生きた教材」となって、なんとか役に立たないといけない。それには、まず自分の考えるサッカーができるように変えていくことだ。それだけを考えていた。

●「生きた教材」として

衝突を繰り返す中で、少しずつだけど、状況は変わっていった。コーチや監督には、ぼくなりに意見を伝えていたし、一対一で話をすれば、こっちの言いたいことをわかってくれる選手も出てきた。それで、来日から四か月ほど経った頃、そろそろ大学選手権の予選がはじまるタイミングで、ぼくはもう一度、自分の考えをじっくり話してみたんだ。全員が集まるミーティングで。日本語はまだまだ不自由だったけどね。

サッカーは、フィールドにボールを転がすスポーツだ。ドリブルでボールを運び、パスをつないでゲームを展開させていくものなんだ。相手に邪魔されて、どうしようもない時は空中にボールを浮かせることもあるけれど、そればっかりやっているのはサッカーじゃない。少なくとも、ブラジルではいいサッカーとは見なされない。

牛の革のボールと芝生のフィールドの話もした。「ボールは牛の革でできている。フィールドには草が生えている。牛が草を食べるようにボールを転がすのが本来のサッカーなんだ」という、あの話だ。全員が納得してくれたかどうかはわからない。だけど、何かが確実に変わるきっかけにはなったと思う。

そもそも、スポーツの戦術や技術、プレーのスタイルやその意味を言葉で伝えるのは、すごく難しい。百の言葉よりも一つのプレーを見せるほうが確実に早い。いい選手になりたいなら、とにかく優れたプレーを見ることだ。ゲームだったら、できれば生で、フィールド全体の動きを把握しながら見るのがいい。だれかのやっていることをマネするうちに、なぜそういう動きをするのか、次に何をしようと考えているのか、その意味がだんだんわかってくる。上手くなるって、そういうものだと思うんだ。

でも、あの当時の日本では、南米やヨーロッパのサッカーを観る機会なんて、ほとんどなかった。ワールドカップだって、ニュースでちょっと流れたぐらいでしょ。一試合まるごと中継することなんてなかった。ＪＳＬの試合にしても限られたファンが観に行っていただけ。静岡や東京や大阪あたりだと、海外の試合中継や社会人チームのサッカーを見る機会も少しはあったかもしれないけど、北海道にはなかった。そういう環境を考えれば、ぼくの理想とするブラジル・サッカーがすぐにはチームメイトに理解してもらえないのは、仕方ない面もあった。

結局、ぼくとセルジオは実際のプレーを通して、みんなに納得してもらうしかなかった。ぼくらはチームをよい方向に変えていこうとしているんだということを。

札大には道内の強豪高校や全国からも選手が集まっていて、さっきも言ったように、個人個人のレベルは決して低かったわけじゃない。ぼくのやりたいサッカーが少しずつ理解されていくにつれて、ゲーム内容もいい方向に変わっていった。個人技にしてもそう。彼らには、ぼくが両方の足を使うのが珍しかったみたいで、ボール・コントロールやフェイントのやり方をよく見ていたよ。直接聞いてくるわけじゃないけど、じっと見ている。そして、マネをするうちに、上手くなっていった。

たとえば、ドリブル一つ取っても、日本人選手のやり方は「キックダッシュ」というのか、ボールを前に大きく蹴りながら走る感じだった。もっと細かく蹴って両足にボールが吸いつくようにしたほうが、コントロールしやすい。パスを出すのも、ちょっと素直過ぎた。右に蹴ると見せかけて逆を突くとか、相手の読めないところに蹴るという考え方が、あまりなかったから、結局ボールの方向を読まれてしまう。それは、インステップ、インサイド、足の裏やヒールまで使って、どれだけの種類のキックができるかというコントロール技術の問題が一つ。それから、どれだけ広くフィールドを見ているかという視野の問題もあるし、瞬間的な判断力の問題でもあるんだけどね。

そういうことの一つ一つは言葉で説明するよりも、やっぱり実際にやって見せたほうがいい。ぼくが札大に呼ばれたのは、何も一人でチームを引っ張るためじゃない。まわりによい影響を与えるためだったと思うんだ。その意味では、ぼくも生きた教材として、少しは役に立てたかもしれないね。

●札幌大学の躍進

チームがうまく機能するようになると、得点力がグンと上がった。道内の試合では一〇点ゲームも珍しくなかった。

最初の年の一一月にあった全国大学選手権は一回戦で勝った。ぼくも点を取ったよ（対東京教育大学二対二、ＰＫ四対一）。フリーキックで相手キーパーが弾いたボールをボレーで決めたのを覚えている。二回戦で負けてしまったけど（対大阪商業大学〇対三）、最初の年にとりあえず「全国で一勝」という最低限の目標を果たし、ベスト8という成績を残すことはできたわけだ。

二年目はもっとうまくいった。大学選手権は同じく一勝（対法政大学〇対〇、PK六対五）でベスト8だったけど、前年は勝てなかった一二月の天皇杯初戦で法政を破って（二対一）、ベスト16に入った。北海道の大学が関東の強豪校に勝ったのは画期的だったと思うよ。さすがに社会人チームには歯が立たなくて、日立製作所（現・柏レイソル）に九対〇の大差で負けたけどね。

これはやっぱり、つなぐサッカーにプレースタイルが変わったこと、個人のスキルが向上したこと、ぼくやセルジオを含めて選手間の意思疎通やコンビネーションがうまくいくようになったことの成果だろうね。いい選手を何人か覚えているよ。たとえば、ぼくがよくコンビを組んだ左ウイングの小澤敬憲。キャプテンで、中盤やセンターバックをやっていた長谷川晃司。彼らは卒業後、富士通（現・川崎フロンターレ）に入った。ゴールキーパーの吉岡康治は藤和不動産に呼ばれた。一年生からレギュラーだった来海章は、中盤とディフェンスを両方やれる上手い選手だった。やっぱり富士通に入って、日本代表候補にもなった。あとで富士通の監督もやったはずだよ。

二年目に入ると、こっちも選手それぞれの個性がわかってくるし、日本語もそこそこしゃべれるようになっていたから、チームの雰囲気になじむことができた。部員は四〇人近くいたと思うけど、学年の上下やレギュラーか控えかに関係なく、いい付き合いをしていたよ。ぼくは来日した時、一年生に編入したんだけど、年齢は二一歳だったから、三年生か四年生と同じぐらい。留学生だったこともあって、日本の体育会独特の上下関係に縛られることもなかったしね。

それにしても先輩・後輩間の、あの絶対的な上下関係を見た時は驚いた。先輩は好き放題にふるまって、あれ取ってこい、何買ってこいって、すごく高圧的に命令するじゃない。それに対して後輩は一切文句を言わない。黙って従うだけ。試合になっても、後輩が先輩に意見を言うことなんかほとんどない。ぼくはそういうの反対だったし、よくやってるよな、とかわいそうになった。

それから、札大では見たことないけど、「体罰」と言うの？　監督やコーチや先輩が、選手を殴ったり、激しく怒ったりするのを他校との試合中に何度も目にしたことがある。ハーフタイムの時に、みんなが見ている前でだよ。あれは、自分のチームじゃなくても、見ていて嫌なもんだよね。ブラジルじゃ、あんなことしない。いくら日本の文化や価値観を残している日系人社会であってもね。年齢とか立場に関係なく、お互いにもっとリスペクトし合う関係でないと、チームは機能しないと思うんだけど。

ともかく、札大サッカー部での二年間は、そんな感じだった。柴田先生がデータをまとめていたんだけど、年間五〇試合ぐらいやって、ぼくの得点は五〇点以上。一試合に一点以上取っていたことになる。ほかの大学では「札大に日系ブラジル人が入った」と噂になってたみたいで、結構マークが厳しかったけどね。

実は、ぼくも留学中にJSLの社会人チームに来ないかと誘いを受けたことがあるんだ。一つは、セルジオ越後のいた藤和不動産。ここは、札幌に合宿に来ていて、札大と練習試合をやっていた関係で、目をつけられたんだね。もう一つは、山口県の永大産業というところ。当時サッカー部ができたばかりだったんだけど、ブラジル人選手が二人加入して、強いチームだった。彼らの通訳とサポート役が必要だというので、夏休みにぼくが呼ばれたんだ。ほぼ一か月間、一緒に寮で合宿生活を送って、練習にも参加した。その時に「こっちに来て本格的にやらないか」と声をかけられたんだ。

だけど、ぼくは親との約束もあって、どうしても大学だけはブラジルで卒業しておきたかった。それで両方とも断ってしまった。もしあの時、JSLのチームに入る道を選んでいたら、どうなってたんだろうね。

●フットサルを持ち込む

サッカー部の試合と練習の合間には、柴田先生を手伝って、サッカーを広めるためのいろんな活動をした。小学校で講習会を開いたりね。なかでも、当時まだ日本にはなかったフットサルを紹介する活動には時間をかけた。

前にも話したように、ブラジルではサッカー以上にフットサルが身近にある。子どもたちはまずフットサルからはじめて、ある程度の年齢になると、サッカーに移行する。ぼくもそうだったし、セレソンに入るような名選手たちも、多くがそうだよ。もちろん、子ども向けのスポーツというわけじゃなく、大人もやっていて、クラブチームもたくさんある。以前は「サロン・フットボール」と呼ばれていたんだけどね。

柴田先生とブラジルで会った時、ぼくはフットサル協会へ連れて行って、いろんな試合を見せたんだ。一年のうち五か月も雪に閉ざされる北海道でサッカーの技術を向上させるには、打ってつけのスポーツだと柴田先生は考えたらしい。それで、ぼくにフットサルのボールとルールブックを持ってくるように言ったんだ。日本ではそれまで、室内でやるミニサッカーはあったけど、それはあくまでトレーニングの一種で、単に少人数のサッカーに過ぎなかった。でも、フットサルというのは、サッカーに似ているけど、別の競技なんだ。いまはＦＩＦＡが管轄するようになり、世界で統一ルールができて、サッカーに近づいてきたところもあるけど、当時は独自のルールがいろいろあった。

たとえば、ゴール前に半径四メートルの円弧を組み合わせたペナルティエリアがあって、その中からはシュートを打てなかった。パスを受けたら、いったんエリアの外に出てシュートしないといけない。エリア内でシュートを打つことをオフサイドと言ったんだ。サッカーのオフサイドと全然違うでしょ。それに、コートにボールを入れる時はすべてスローインで、コーナーキックもなかった（現在のフットサルの統一ルールでは、ペナルティエリアは半径六メートルで、エリア内からもシュートは打てる。またスローインは廃止され、すべてキックインとなった。コーナーキックもある）。

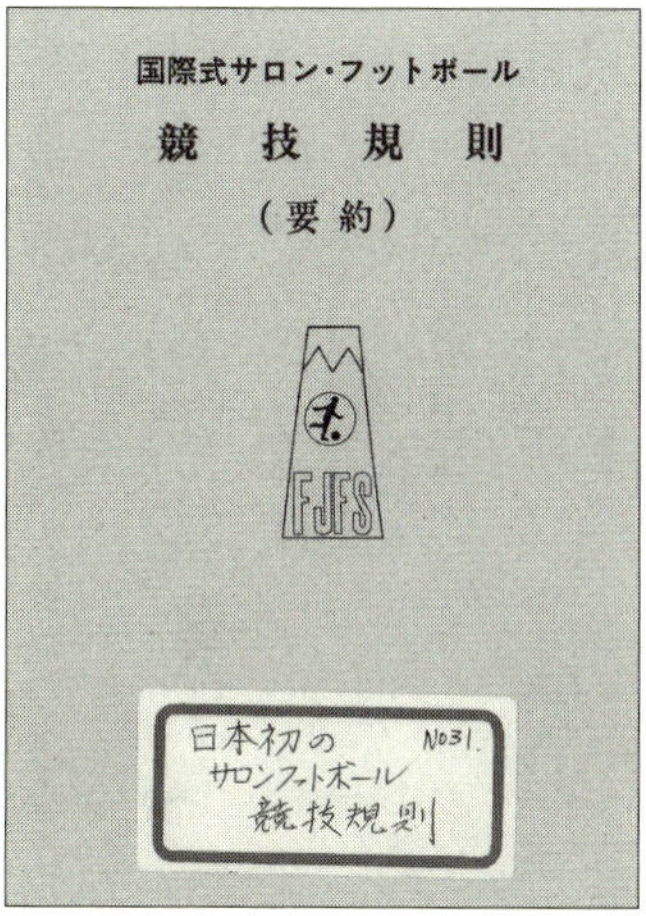

著者が翻訳に携わった日本初のサロン・フットボール（フットサル）の競技規則冊子。1975年発行。

そういう決まり事や反則、コートやボールの大きさまで一とおり書かれたルールブックを、まずは日本語に訳すところから、柴田先生とぼくははじめた。毎週二回、ぼくらの下宿に先生がやって来て、二時間ぐらいかけて何項目か翻訳するんだ。ぼくは字が書けないから、言葉で説明したり、図を書いたりして、それを先生が日本語の文章にするという作業。そんなに分厚い本じゃないけど、一年ぐらいかかったね。

次にボールだ。これは、ぼくの持ってきたボールを「モルテン」というボールメーカーの札幌支店に持ち込み、分解して見てもらって、同じ物をいくつか作ってもらった。当時の支店長はまだ若かったけど、すごくよく協力してくれたんだ。

そして、完成した日本語のルールブックとボールを持って講習会を開いた。先生が、藤和不動産にいたセルジオ越後と読売クラブのジョージ与那城――彼らももちろん、小さい頃はフットサルをやっていた――に声をかけ、ぼくとセルジオ門岡、それから札大のキーパーで五人のチームを作って、北海道内の各地を回ったこともある。留学二年目の夏だった。札幌、苫小牧、室蘭、帯広……。車に乗って二週間ぐらい毎日どこかへ行ってたな。集まるのは、子どもから中高生、それにサッカーの指導者たち。まずは、ぼくらがプレーしながらルールを説明して、最後に参加者を交

ともにフットサルを日本に紹介する活動に従事したセルジオ越後（左）と。1992年頃、サンパウロにて。

えて簡単なエキシビジョン・マッチをやった。みんな、最初はミニサッカーだと思っていたけれど、だんだんふつうのサッカーとは違う面白さを感じたようだった。

というのも、フットサルはコートが狭くて相手が近いから、テクニックとスピードがサッカー以上に必要になるんだ。狭いところをドリブルで抜けて行かないといけないし、パスも鋭く正確に出さなきゃいけない。判断の素早さも要求される。ボールは小さくて重いから、蹴る時は力が入れやすいトーキックをよく使う。ボール・コントロールには足の裏を使うことが多い。ヘディングで点を取るのはすごく難しくて、技術とタイミングがいる。

何よりいいのは、サッカーに比べてボールにさわる回数が圧倒的に多いこと。実際のゲームの中でボールをさわる経験を積めば積むほど、テクニックは磨かれる。いろんなキックを使い分けられるようになって、自信がつく。それに、ミスが少なくなるんだね。フットサルはコートが狭い分、相手にボールを取られたら、すぐやられる。だからボールを大事にする。キープ力がついて、一対一に強くなる。

技術面のこと、施設や天候のこと、それに少ない人数でできること、いろんな要素を考えると、フットサルからはじめるというのは、とてもよいことだと思うんだ。もちろん、大人やシニアの人たちがやるのもいい。ブラジル・サッカーの層の厚さは、そういうところから生まれていることは間違いないからね。

ぼくらが北海道にフットサルを持ち込んだのと前後して、栃木県の宇都宮かな、関東の方にも広がって、大会も開かれるようになったみたいだ。柴田先生は、その後もフットサルの競技団体を作ったり、大会を開いたりして、普及に大きく貢献した。あの頃、日本ではだれも名前すら知らなかったフットサルが、四〇年経ったいま、各地で行われている。そのきっかけの一つを作れたとすれば、すごくうれしいことだよ。

◉言葉の壁の乗り越え方

札幌での日々は当然、サッカー中心に回っていたけれど、それ以外にもいろんなことがあった。学生生活そのものは柴田先生とご家族のおかげで、何も不安はなかった。言葉以外はね。

大学では経営学部に在籍していた。いくらサッカーが目的とはいえ、無償で留学させてもらっているわけだから、授業はいちおう毎日受けていたよ。柴田先生にも、ちゃんと出席して単位は取るように言われたしね。だけど、授業の内容を理解する以前に、先生たちの話す日本語がわからない。それから字も読めない。子どもの頃に覚えた平仮名と片仮名、あと、やさしい漢字をいくつかは知っていたけれど、教科書や黒板を読むようなレベルじゃなかった。席に座っていても、正直まったく頭に入ってこなくて、だいたいの想像で授業を受けていた。でも、びっくりしたのは、日本人の学生が結構寝ているんだよね。大教室だと一〇〇人ぐらいいるでしょ。ふと見渡すと、半分ぐらい寝ている時もあった。堂々と机に突っ伏してる人もいて、大丈夫なのかと思ったよ。

ぼくの勉強のレベルはその程度だったから、試験の時は、先生と面談して簡単な質問に答えれば点数をくれるとか、ちょっとした課題を与えられて、それをこなせばＯＫみたいな感じだった。全然問題なく単位を取れたのは体育ぐらい。まあ、二年の期限付き留学で、卒業証書をもらうわけでもないから、特別扱いしてくれたのかもしれない。いちおう留学中の単位取得証明書はもらったけど、ブラジルに持ち帰っても体育大学だから、特に役立つわけでもなかったしね。

とにかく、最初の半年間は言葉に苦労した。

簡単な日常会話なら相手の言うことはわかるし、ちょっと買い物をするとか、「何が食べたい」「どこへ行きたい」ぐらいは問題なく話せるんだけど、少し込み入ったことを聞かれると、もう言葉が出てこない。バスや地下鉄に乗るのも無理だった。字が読めないからね。札大の地下鉄の最寄駅はたしか「霊園前」（現在は「南平岸」に改称）だったけど、そこまで行くにもバスに乗らないといけなくて、でも、どの路線に乗ったらいいのかわからない。だれかについて行った時にルートを確認したり、いくつかの路線に乗ってみて番号で行き先を覚えたりするしかなかった。そんなわけで、半年間は下宿とすぐ向かいのキャンパスを往復するだけ。自分から出かけることはまったくなかった。

食事に関しては、何の不自由もなかった。前に話したとおり、ぼくはブラジルでもふつうに日本食を食べていたからね。朝、ラーメン屋に降りて行くと、柴田先生の奥さんやおばあさんがご飯に味噌汁、納豆や卵の朝食を用意してくれている。昼はラーメン屋のメニューから好きなものを選ぶ。ラーメンだけじゃなく、親子丼や焼き飯やカレーとか、いろんなものがあったしね。夜は夜で、店が終わったあとに、ふつうの家庭料理を作ってくれる。おいしかったよ。一つだけ、ぼくからお願いしたのは、サラダを付けてほしいということぐらい。ブラジルでは生野菜をよく食べるからね。

でも、日本食になじみがないセルジオは苦労していたな。特にだめだったのは納豆。漬物など塩辛い物も苦手。それに、生魚も食べられなかったから刺身や寿司も無理だった。でも、それは仕方ない。いくら日系人でも、彼は全然異なる食文化で育ったんだから。味噌汁は意外に大丈夫で、天ぷらなんかの揚げ物は好きだったみたいだけどね。

それと、これはぼくもちょっと困ったんだけど、朝から白いご飯を食べる習慣がないんだよ。ブラジルの朝食はパンだから。セルジオがなかなか食べられないもんだから、そのうち、朝食だけは隣の喫茶店で出してくれることになった。パンにコーヒーにサラダや卵のセットをね。これがとてもよかった。というのも、喫茶店の店主である奥さんの弟と毎朝顔を合わせるうちに仲良くなって。コーヒーを飲みながら、いろいろ雑談しているうちに、ずいぶん日本語が上達した。彼は独身で、ぼくらと話も合ったしね。来日して半年が過ぎると、語彙や表現の幅もだんだん広がっていって、細かいニュアンスを伝えることもできるようになった。

結局、言葉の習得は、意識して「勉強する」よりも、そんなふうにリラックスできる関係の中で会話に慣れていくのが、いちばん自然で、早いのかもしれない。

留学してよかったなと思うことはいろいろあるけど、いちばんはやっぱり日本語を話せるようになったことだね。ブラジルにいる家族や親戚、特にロンドリーナに住んでいた母方のおばあちゃんは喜んでくれた。おばあちゃんはほとんどポルトガル語を話せない。大人になってからブラジルに渡った一世だと、そういう人は少なくないよ。孫は二〇人もいたけど、日本語をちゃんとしゃべれる者はほとんどいなかったから、ずっと寂しかったと思うんだ。

◉お酒と「間合い」――日本人的コミュニケーション

日本のおいしいものをたくさん知ったのも、よかったことの一つだね。ブラジルで日本食を食べていたといっても、家の食卓に出るものは限られていた。それが北海道に来ると、見たこともないぐらい立派な毛ガニや、すごく新鮮な魚が食べられる。ジンギスカンもうまかったな。サッカー部の友達と、よく食べ放題の店に行ったもんだよ。

ただうまい物を食うだけじゃなく、一緒に食べたり飲んだりすると、その国の食文化とか、人付き合いのマナーや作法とか、接客や商売のやり方とか、いろんなことが感覚的にわかるところってあるじゃない。たとえば、店に入ったら、まず「いらっしゃいませ」と声がかかって、注文を取るのも料理を持ってくるのも丁寧できちんとしているのは、やっぱり日本人のまじめさや几帳面さの表れだと思うよ。

札幌大学サッカー部の仲間と。左から2人目が著者。1974年頃、遠征旅行先にて。

日本で大学生をやってると、しょっちゅう飲み会、いわゆるコンパがあるよね。ススキノあたりの安い居酒屋に、サッカー部のみんなでよく集まったよ。大会前には決起集会。試合に勝てば祝勝会。負けたら負けたで残念会。忘年会もあれば、新歓コンパもある。部の集まり以外にも、よく「飲みに行こう」と誘ってくる友達が部内にいてね。ススキノに行く時は、だいたい彼と一緒だったんだけど、お酒に強い人だったから、それに付き合ってかなりの量を飲んだよ。

ぼくは、ブラジルにいる時はあんまりお酒は飲まなかったけど、札大に来てから結構飲むようになった。というか、飲まされた。ビールでも焼酎でも日本酒でもなんでも。飲みすぎて歩けなくなったことも一度や二度じゃない。あれは辛かったね。膝に力が入らないし、足元は雪で滑るし。それで、家まで連れて帰ってもらったりして。あの当時からあった「一気飲み」には、ちょっとついて行けなかったけどね。

日本人って宴会の席でお酒が入ると、みんな陽気になって、楽しく騒いで、すごく親しい感じになるよね。普段はそれほど話をしない人でも、急に距離が縮まった気になる。

ところが、難しいのは、昨日あんなに盛り上がって仲良く話していたのに、翌日学校で会っても、すごくよそよそしいことがある。すれ違っても知らんぷりされたりして、「あれ？　何か怒ってるの」と気になったりね。そういうことがたびたびあって、ちょっと冷たい印象というか、人間関係の難しさを感じることはあった。間合いの取り方っていうのかな、仲良くなるのに時間がかかる。あれはシャイだからなの？　幻滅とか落胆というのではないけど、ブラジル人はもっとオープンだから、正直ちょっと戸惑ったね。

そうかと思えば、ぼくとセルジオの「ファンクラブ」ができたこともあってね。札大の短大の女子学生たちが、練習を見に来たり、試合の応援に来てくれたり、遠征に行く時には下宿に来て、荷造りを手伝ってくれたりするんだ。四、五人いたかな。セルジオがハンサムだった——彼は沢田研二に似てたよ——から、ぼくもついでに……ということだったんだろうけど。いや、付き合ったり、デートしたりとかはないよ。サッカーをしに来ているんだから、余計なことしてると問題になるじゃない。柴田先生に迷惑かけることにもなるし、サッカーと勉強以外のことは考えないように心がけていた。麻雀やパチンコもやってない。まあ、そんなにお金がなかったというのもあるけどね。

その代わり、夏や冬の長期の休みには、ちょっとしたこづかい稼ぎに短期間のアルバイトをいくつかやったよ。北海道らしいのは雪かきね。お年寄りの家に行って、門や玄関まわりの雪をどけて、人が歩けるように道を作る仕事。雪かきって結構体力がいるから、ぼくたちにはぴったりだし、すごく感謝もされたね。日糧パンという北海道で有名な製パン会社の工場にも行った。でも、ここは三日坊主。夜八時から朝六時までの夜通し勤務がきつくてね。それからスナックでバーテンダーもやった。カウンターでお酒を作ったり、グラス洗ったり。これも少しだけだったけど、飲み屋街の雰囲気がわかって面白かったな。ブラジルでも就職して働いていたけど、経理や事務の仕事だったからね。日本の文化や人びと、いろんな生活の場面や表情に触れるという意味では、バイトは貴重な経験だった。

ブラジルから来たはじめてのサッカー留学生ということで、取材を受けたことも何回かある。全国大学選手権や天皇杯に出た時は、『サッカーマガジン』とか新聞のスポーツ記事の取材があったけど、それ以外にもいくつかね。

◉父祖の地で、外国人として

一度、札幌のタウン誌だったか、何か雑誌のインタビューを受けた。北海道でブラジル人というのは、当時すごく珍しかったからね。親は北海道出身の日系人で、しかも大学に通いながらサッカーをやっていると聞いて、記者が興味を持って取材に来た。日本についてどう思っているか、日本の若者の印象はどうかと聞かれたから、ぼくはさっき言ったようなことを話したんだ。「日本人はまじめで勤勉だけど、距離感やほんとうの気持ちがわかりにくいところがある。友達になるのがちょっと難しい」みたいな印象をね。その記事は、「もっと気楽に友達になろう」というタイトルが付いた。記者の人が、ぼくの話をそんなふうにまとめてくれたんだね。

帰国するちょっと前、一九七五年の元旦には、北海道知事（当時は堂垣内尚弘知事）と一緒にテレビに出た。音楽とか美術とか、それぞれの分野で活躍する道内の若者が四人呼ばれて、知事を囲んで語り合うというお正月番組。ぼくはサッカーの大学選手権でベスト8まで行ったということで、スポーツ分野の代表だった。

生放送だったんだけど、その場でぼくは知事に言ったのね。「芝生のサッカー場を作ってください」って。前にも話したけど、当時の北海道のグラウンド事情はひどくてね。札大だけじゃなく、どこ行っても全部、土のグラウンド。しかも表面がデコボコだから、ボールの軌道が安定しないし、足を取られるしで、すごくやりにくい。まあ雪がすごいから、芝生のグラウンドを作っても一年の半分近くは使えないし、管理が大変なんだろうけどね。でも、たとえば北海道には競馬場がいくつかあるでしょ。競馬場の真ん中は空いているんだから、そこをサッカー場にするのはどうですかって提案したの。北海道はウィンタースポーツが盛んだけど、芝生の競技場を一つ行政が作ってくれれば、サッカーだけじゃなく、陸上やラグビーにも使える。ほかのスポーツの振興にもなりますよって。知事は「難しいけど、考えておきます」と言っていたけどね。

講演みたいなこともやったことがある。札幌のロータリークラブで、ブラジルの話をしてくれと言われて、スピーチをしに行った。自分のお父さんやおじいさんは北海道の江別出身で、ぼくらの家族はいまどんな生活をしていて、どんな物を食べていて、日系人社会はこんなふうで……という話をした。聞きに来ているのはロータリークラブの会員だから、銀行のえらいさんとか大きな会社の社長とか、そういう人たち。みんな、わりと熱心に聞いてくれたよ。質問もいろいろ出たしね。いまもそうかもしれないけど、あの頃の日本には、ブラジルに関する情報なんか何も入ってこなかったから珍しかったんだろうね。で、その中に江別から来ていた人がいて、「江別のロータリークラブでも同じ話をしてくれないか」と言われて、行くことになったんだ。

たしか留学二年目の夏だったと思う。江別へ行くのは、はじめてだった。おじいさんとお父さんが住んでいた町、松原家のルーツがある土地だから、そりゃ特別な思いはあった。

昼に講演会が終わった後、町を少し歩いた。おじいさんの家があったという住所を探していると、近所の人が「松原さんなら、たしかここらへんだった」と教えてくれた。でも、そこには昔の家はなく、新しい建物に変わっていた。

地元の消防署も訪ねてみた。おじいさんの本職は獣医だったけど、消防の仕事をやっていたこともあると聞いていたからね。町会議員もやっていたらしい（祖父の松原緑は江別消防団第三部の二代目部長。大正一三年から昭和の初めまで町会議員も務めた）。その消防署に入れてもらって見学していたら、おじいさんの写真を見つけた。歴代の消防団長の写真が額に入れて飾ってあったんだ。

うれしい、というか、感慨深いような、ちょっと不思議な気持ちだった。

おじいさん、お父さん、そしてぼく――と、たしかにつながっているんだなあって。おじいさんがこの江別の町で暮らした時代があって、その生活の中でブラジルへ渡る決断した瞬間があって、だからぼくは生まれて、サッカーと出会って、いまこうしてここにいる。そんなことを実感した。

江別へ行ったことは、すぐ手紙に書いてブラジルの家族に送った。いまみたいにメールもないし、国際電話もすごく高かったから、近況を知らせる手段は手紙だけ。家族や親戚や友達にしょっちゅう書いていたからね。当時は、サンパウロへ着くまで一〇日あまり、返事が戻って来るまで一か月。返事を待ちながら、向こうのことを思い出すし、家族や友達にも会いたいし、ホームシックにもなったよ。特に、日本語がまだ不十分だった最初の頃はね。

ただよかったのは、ちょうど従姉妹が、ぼくと同じ時期に北海道大学に留学して来ていたんだ。彼女は、サンパウロ大学――日系社会ではブラジルの「東大」と呼ばれている――で日本語を専門に勉強していて、北海道庁の留学制度で招かれていた。すごく優秀だったということだね。で、その従姉妹とのつながりで、北大のほかの留学生たちとも仲良くなった。時々みんなで集まってはパーティーをしたよ。ぼくの誕生日を祝ってくれたこともある。もちろんブラジル人だけじゃないから、スペイン語や英語や、いろんな言葉が飛び交って面白かったな。南米だとペルー人やチリ人の学生がいた。いまも連絡を取り合う友達が一人いて、彼は医者になっている。従姉妹はブラジルへ戻ってしばらくして結婚して、子どもが三人いる。

当時の札幌では、外国人と言えば北大の留学生ぐらいだったから、すごく結びつきが強かったんだ。そのグループが一つのコミュニティみたいになっていた。そういう場所があったおかげで、ぼくも気がまぎれて、あんまりひどいホームシックにならずに済んだというのはあるね。

●ある少年たち

そんな二年間の留学も終わりに近づいて、そろそろ帰国の準備に取りかかっていた頃、あるテレビ番組を見た。チャンネルは札幌テレビだったけど、東京で作った番組のようだった。

二人の少年のことを紹介していた。一人は一〇歳、小学校五年生。もう一人は一二歳、小学校六年生。彼らがブラジルにサッカー留学に行くという話だった。ちょっと前にペレが東京でサッカー教室のイベントを開いた時に、その一〇歳の子が参加して、リフティングが上手いと褒められた、と。そして、ペレに「ブラジルに来いよ」と誘われたんだって。だから、ペレを訪ねてブラジルへ行くというんだ。一二歳の子はキーパーだったけど、やっぱり同じような経緯らしかった。でも、テレビを見ていると、なんだかあやふやな話でね。これほんとうに大丈夫なのかという気にぼくはなってきた。

だって、ペレはその頃、ペプシコーラと組んで世界中で子ども向けのサッカー教室を開いていて、東京でも毎年やっていたんだ（インターナショナル・ユース・フットボール・プログラム。一九七三年から六年間にわたり、六四か国で開催）。すごく大きなイベントで、参加者は一〇〇〇人ぐらいいたはずだ。それだけいると、ゲームなんかできるはずもない。たまたまリフティングが上手だった小さい子が目について、軽い褒め言葉で「上手いな。ブラジルでもやれるよ」と声をかけたぐらいのことなんじゃないかと、ぼくは思ったんだ。ペレは世界中で同じようなことを言ってたはずだよ。子どもたちに夢を持たせるためにね。

それに、彼らはブラジルに訪ねて行くと言うけど、ペレはその時点ですでに、長年在籍したサントスFCを離れて、アメリカのニューヨーク・コスモスに移籍していた（一九七四年一〇月をもってサントスFCを退団。七五年から北米サッカーリーグでプレーし、七七年一〇月に引退）。ブラジルにはいなかったんだよ。

サッカーの王様に褒められて子どもが夢を膨らますのは全然悪いことじゃないけど、親までもがたった一度きりのその言葉だけを信じて、ペレにコンタクトも取らずにいきなりブラジルへ行くなんて、どうかしてる。あまりにも考えが甘いよね。まだ小学校も出ていない一〇歳や一二歳の少年をブラジルへサッカー留学させるなんて大変なこと。もちろん当時そんな例はなかった。もしも、ペレの側の事情、ブラジルの国情やサッカー界のことを何も知らずに行くんだとしたら、これは危ないとぼくは心配になった。

それで、札幌テレビにいた知り合いに電話してみたんだ。彼はテレビカメラマンだけど大のサッカー好きで、趣味で審判をやっていたのもあって、ぼくはよく知っていた。「この子どもたちと親に連絡を取れないだろうか」って。どういう話なのか直接聞いてみたかったし、ほんとうにぼくの想像しているとおりだったら、現実を伝えて思いとどまらせないといけない。そうしたら、東京のテレビ局を通じて、すぐに先方の了解が取れたようで連絡先がわかった。で、ぼくはその子たちの親に電話して、会う約束をしたんだ。ブラジルへ帰る前に東京で一泊するから、その時に会って話をしましょうって。

親に連れられて東京のホテルへやって来た二人の少年は、まだ幼かった。あらためて親に話を聞いてみたけど、やっぱり特にアテがあるわけでもない。どこへ行くのか尋ねたら、とりあえずサントスFCへ行く、と。ペレに会えば何とかしてくれると考えているようだった。だからぼくは、ペレはもうブラジルにいないこと、彼はたぶん世界中で子どもたちに「ブラジルへ来いよ」と声をかけているだろうこと、それに、ブラジルでプロサッカーを目指すには、いちばん下のカテゴリーでも一三歳にならないとセレクションを受けられないことを説明したんだ。

二人の少年も、親たちも、あまり納得しない様子だった。信じたくなかったのかもしれない。仕方がない。ぼくは「明日、ひと足先にブラジルへ帰るので、来る日付が決まったら知らせてほしい。空港へ迎えに行って、サントスまで連れて行くから」と約束して、その場は別れたんだ。

一〇歳の少年はムサシ、水島武蔵といった。一二歳のキーパーはシンヤ、岩崎眞彌。日本人から見れば、おせっかいかもしれない。だけど、ブラジルと日本のいろいろな面での違いを、この二年間で身をもって体験していただけに、ちゃんと伝えたいと思った。それが自分の役割だと思ったんだ。

第四章　ぼくはやっぱりサッカーをやりたい

◉二年ぶりのブラジルで

一九七五年二月の終わり。札幌大学でのサッカー留学を終えて、ぼくはブラジルへ帰国した。ちょうど二年前、見知らぬ国で暮らす不安と緊張と、それ以上に、思う存分サッカーができる喜びを抱いて旅立ったサンパウロ州のコンゴニャス空港に降り立つと、たくさんの懐かしい顔が出迎えてくれた。

両親、兄と弟、親戚のおじさん・おばさん、従兄弟たち——。いまから四〇年前、ぼくのようなふつうのブラジル人が海外へ行くこと自体が珍しかった時代。それも目的は大学留学、行き先は松原家の祖国・日本、しかも父祖の地・北海道ということになれば、まるで親族全体の祝い事のように総出で迎えられたのも無理はない。一緒に札幌から帰ってきた留学仲間のセルジオ門岡の家族も来ていて、みんなで再会を喜び合ったよ。

ふと見ると、家族や親戚の輪から少し離れて、一人、知らない若い女性の顔があった。日系人だ。「おかえりなさい」と声をかけられたけど、だれかわからず戸惑っていると、お母さんが「あんたの職場の友達だそうだよ」と教えてくれた。お母さんもさっき空港で声をかけられたところらしい。彼女は「マリナ・アキズキです。文通相手の」と名乗った。

それでわかった。ぼくが留学前に勤めていたサンパウロの保健所の同僚だった。といっても、彼女とはフロアが違ったから、よく知っていたわけじゃない。ぼくは所長の何人かいる秘書の一人として九階か一〇階にいて、彼女は薬を扱う部署で三階にいたから、接点はほとんどなかった。日本への留学が決まった時、日頃からぼくとも彼女とも仕事上でやり取りしていた女性職員から、はじめて紹介されたんだ。「日本に行ったら寂しいだろうから、彼女に手紙でも書いたら？　彼女も日系人だから日本のこと知りたいだろうし」と言われて。保健所の職員にはそれほど日系人が多くなかったから、気を利かせて引き合わせてくれたんだろうね。それで、ぼくは彼女のことをあんまりくわしく知らないまま、札幌から手紙を書いていたんだ。

二、三か月に一通ぐらいかな。何を書いたかは忘れたよ。たぶん、サッカーのこと、大学のこと、友達のこと、あとは雪とか食べ物とかどこへ行ったとか、向こうで見聞きした珍しいことを報告してたぐらいじゃない？　彼女からも時々、返事は来ていたと思う。

だけど、二年前にちょっと職場で知り合っただけで、その時とは服装や雰囲気もずいぶん変わっていたし、帰国の日付ぐらいは手紙に書いたかもしれないけど、時間や便名までは書いてないから、まさか迎えに来るなんて思ってもみなかった。それで、すぐには思い出せなかったんだ。聞けば、二歳下の彼女はその時、保健所を辞めて裁判所で働きながら、大学の法学部で弁護士になる勉強をしているらしかった。

ともかく、こうしてぼくは二年ぶりにふるさとの土を踏んだ。ブラジルは夏の盛りだった。雪に包まれた札幌との気温差を全身で感じながら、セルジオと「やっと帰ってきたな」と、あらためて帰国をかみ締めた。サッカー漬けの留学生活は楽しかったけど、無事帰ってくると、やっぱりホッとする気持ちが強くて、解放感に浸ったね。

学校の新しい年度はすでにはじまっていたから、ぼくは早くサント・アンドレ体育大学に復学して、新しい仕事も探さないといけなかった。だけど、その前にやることが一つあったんだ。

それは、ぼくとセルジオが抜けた札大サッカー部に、新たに送り込む留学生の選抜を手伝うことだった。実は、そのセレクションを行うために監督の柴田勗先生もぼくたちと同じ飛行機でブラジルへ来ていたんだ。

◉名将が立ち会った札大の「後輩」選び

柴田先生は、知り合いを通じて、すでに留学生募集の手配をしていた。今回はサンパウロじゃなくて、その北にあるミナスジェライス州（ミナス）が対象だった。州でいちばん大きな街、ベロオリゾンテでテレビやラジオを通じて宣伝してもらったそうだ。「日本にサッカー留学しませんか。渡航費、滞在費に加えてこづかいも出ます」って。ミナスは日系人が少ないこともあって、今回は日系人じゃなくてもいいことになっていた。条件がゆるくなったのとテレビやラジオの宣伝効果で、希望者が七〇〜八〇人かな、殺到したらしいけど、一つだけ条件があった。それは「高校を卒業した人」。いくらサッカー留学といっても、大学生になるわけだから、まあ当然と言えば当然だよね。でも、希望者の半分以上がその条件に合わなくて、事前審査で落とされたそうだ。

サッカーを思いきりやって、少しでもお金をもらえるチャンスを探している若者はブラジルにはいくらでもいるけれど、勉強はしない、学校にも行ってないという人は結構多いということだね。ぼくのお母さんたち日系一世の世代が「サッカーをやるのは勉強しない人」「プロなんか目指すと勉強しなくなる」と強く思い込んでいたのは、だからまあ、まったくの的外れというわけでもないんだ。

セレクションの参加者は結局、二五人ぐらいになった。どういうツテなのか、会場はミネイロン・スタジアムという、一〇万人も収容できるような、ものすごく大きくてきれいなプロのスタジアムだった。ミナスの二つの名門クラブ、アトレチコ・ミネイロとクルゼイロECのホームだ。二〇一四年のワールドカップの会場にもなるところだよ。

そこで、柴田先生とぼく、そして驚いたことに、アトレチコの監督だったテレ・サンターナもやって来て、選手を見ることになったんだ。テレ・サンターナはサンパウロFCの監督もやっていたけど、なんといっても、後のブラジル代表監督だからね。一九八〇年代に「黄金のカルテット」と呼ばれたジーコ、ソクラテス、ファルカン、トニーニョ・セレーゾの中盤四人がいた代表チームを率いた人だよ。

セレクションは三日間で行われた。初日に二五人から一一人を選んで、二日目にアトレチコの二軍とゲームをやり、三日目は面接。決めるのは柴田先生だけど、ぼくは通訳をしながら、意見を求められた。

一人はすぐに決まった。それが、アデマール・ペレイラ・マリーニョ。彼は、その時すでにクルゼイロのユースチームでプレーしていたぐらい実力があった。最初からずば抜けて目立っていたよ。テレ・サンターナは「もし彼を日本に連れて行くんじゃなければ、うちのトップチームに入れるのに」と言うほど評価していた。アトレチコとクルゼイロは、ミナスでいつもトップを争う古くからのライバル関係だ。相手チームの若いクラッキ（名手）にほれ込んだ様子だった。

だけど、マリーニョはそんなこと知らないから、そのまま日本へ渡ることになった。

彼は札大で一年だけプレーしたけど、すぐにその実力が注目されて、JSLのフジタ工業（藤和不動産から改称。現・湘南ベルマーレ）に移った。日産自動車（現・横浜F・マリノス）でもプレーして、中心選手として活躍したよね。フットサルの日本代表監督もやって（一九九六〜二〇〇〇年）、いまも日本で指導者としてがんばっている。あの時若かったマリーニョが、テレ・サンターナの評価を聞いたら、「地元の人気クラブでプロになるチャンスなのに」と悔しがったかもしれない。留学を断って、ブラジルに残った可能性もあるよね。でも、その後の彼の貢献を考えれば、日本のサッカー界にとっては、とても幸運な出会いだったと言えるだろう。

その時にあと二人選ばれたけど、いろいろ条件が合わなくて留学は実現しなかったみたいだ。それともう一人、そのセレクションを手伝っていたクレベルという名前の白人選手を、別枠の自費留学生として連れて行くことになった。彼はマリーニョと一緒に札大へ行ったんだけど、日本語や日本の生活に慣れなくてずいぶん苦労したらしい。二、三か月で「ブラジルに帰りたい」と言って、柴田先生が帰らせたって。その後、アメリカに渡ってプレーしたみたいだけどね。

マリーニョはすごく活躍したけど、当時それは特別な例で、やっぱり日系人のほうがいく

札幌大学サッカー留学のセレクションの様子。1975年、サンパウロにて。（写真提供＝柴田勗）

らかはなじみやすかったのかもしれないね。彼らに続いた留学生は、タモツ鐘ヶ江、フミオ宮城と、いずれも日系人だった。その二人は、ぼくがサンパウロでやってたアマチュアの日系人チーム、モシダージの後輩だったよ。

これが札大サッカー部の、ぼくが知っている限りのブラジル人留学生の歴史だ。ぼくとセルジオ門岡を含めて、五年間で計六人。ブラジル・サッカーを取り入れたい、そして札大サッカー部を強くしたいという柴田先生の思いで実現したサッカー留学は、札大だけじゃなく、北海道のサッカー文化、それから日本全体のサッカー界にも、よい影響をもたらしたんじゃないかな。

もちろん、ぼく自身にとっても、日本に来る最初のきっかけを与えてくれた貴重な機会だった。あの時、柴田先生が留学という形の「パス」を出してくれたから、ぼくはそのボールを追って海を渡った。

そこで得たものは、サッカーに関することだけじゃない。日本語をしゃべれるようになったこと。はじめての親元を離れた生活。日本の暮らしや文化、日本人の考え方にリアルに接したこと。そして、それまで意識することのなかった自分のルーツを確認したこと。すべて、札大への留学があったから、できた経験だ。あのチャンスがなければ、ぼくは一生、日本に来ることすらなかったかもしれないからね。

◉少年たちのその後

サッカー留学と言えば、もう一つ話の続きがある。そう、日本を去る間際に会ったあの少年たち、水島武蔵と岩崎眞彌のその後だ。

彼らとその家族は、ぼくがブラジルへ帰国してほどなくサンパウロへやって来た。ぼくはまだ新しい仕事もしてなくて時間があった頃だから、一九七五年の三月中のことだったと思う。彼ら二人とそれぞれの両親、武蔵のほうは姉や弟も一緒だったかな。約束どおり空港まで迎えに行って、サンパウロ市から六〇キロほど離れたサントス市へ連れて行った。ペレが長年プレーしたサントスFCの本拠地だ。

まずは、そのサントスFCのクラブ事務所を訪ねた。事務局長みたいな人に彼らを紹介して、事情を話してみた。「ここにいる子たちはペレに誘われてブラジルでサッカーをやるために日本から来た。受け入れてもらえないだろうか」って。ペレがもう在籍してないのは知っていた。でも、クラブへの影響力はまだ大きいだろうから、なんとかしてくれるかもしれないと望みを託したんだけど、答えはやっぱり「そんな話は聞いてない」。じゃあどうすればいいかと相談したら、「プロチームの下部組織に入るテストは一三歳になったら受けられるから、その時にまたおいで」と言う。まあ、ぼくが東京で少年たちに説明したとおりの反応だった。

それでも彼らは納得しない。次は、ペレの自宅へ向かった。家を探し当てて訪ねてみると、お手伝いさんかだれか、家の人が出てきて、「ペレはいまいない。アメリカに行ってる」と言う。そりゃそうだよ、もうニューヨーク・コスモスへ移籍していたんだから。で、「どうしたらいいだろう。なんとか連絡取れないかな」と粘ってみたら、「何も聞いてないからわからないけど、とりあえずサントスFCに聞いてみたら」という返事だった。

クラブの対応はさっきのとおりだから、行っても無駄だ。で、もう一か所、サントス市内のレストランに行ってみた。ここのオーナーは日系人だけど、サントスFCの理事をやっていて、ペレのことも昔からよく知っていた。その彼が言うには「ペレはいつもそういうことを言うんだ。それを真に受けてブラジルまで来るなんて、大間違いだ」って。

こうなると、さすがに少年たちもガッカリしてたよ。それ以上に父親たちがね。彼らはとにかく、大のサッカー好きだった。子どもに自分の夢を重ねて、なんとか留学させてやりたいと思っていたんだろうね。だけど、そういう結果じゃしょうがない。違う方法を考えようということで、とりあえずサンパウロへ戻ったんだ。

ぼくが考えたのは、サンパウロFCに頼んでみることだった。前に話したけど、ぼくは一〇代の時にそこの会員で、クラブ内のアマチュアチームでプレーしていた。あそこなら、クラブのサッカースクールがあって、九歳から入れることを知っていたからね。

そこで、ぼくのチームの監督だった人を訪ねることにした。彼は弁護士が本職だけど、クラブでもえらくなって、理事をやっていた。土曜日に行くと、クラブ内のリーグ戦の日だったけど、全員をロッカールームに入れてくれた。少年たちを紹介して、彼らがブラジルへ来た経緯、サントスFCで断られたことなど一通り話をすると、びっくりしていたけど、事情はわかってくれたみたいで、「今日は試合だから週明けの月曜にあらためて来てくれ。担当者に話しておくから」という返事だった。

それで、月曜日にまたクラブへ行くと、アマチュアの責任者が対応してくれて、少年たちはサンパウロFCのスクールに入れることになった。とりあえず、そこでプレーをはじめれば、一五歳以下、一八歳以下、二〇歳以下と、年齢ごとのカテゴリーを進んでいく道は開ける。その過程で実力を認められれば、一八歳を過ぎたらプロ契約にたどり着けるかもしれない。ようやく落ち着き先が見つかって、ぼくも胸をなで下ろしたよ。

次は、住むところだ。これもぼくに心当たりがあった。サンパウロに北海道協会という、北海道出身者の県人会組織があって、その役員をやっている人が知り合いだった。大きな家に住んでいる年配の夫婦で、もう息子たちも独立しているという話だったから、下宿させてもらえないか頼んでみたんだ。「北海道の子じゃないけど、子どもたちだけでは生活できないから、親代わりに面倒を見てやってくれないか」って。おばあさんがとてもやさしい人で、「大丈夫だよ、ここで預かるから」と言ってくれた。こういう時に、日系人社会のつながりはありがたいね。

二人をバスに乗せて、クラブの練習に連れて行くのは、また別の知り合いの日系人——といっても、武蔵と同じ年頃の子どもなんだけどね——に頼んだ。その子は後に、フットサルでプロまで行ったよ。

そんないきさつがあって、武蔵と眞彌はブラジルでプレーしながら、プロを目指すことになったんだ。武蔵はそのままサンパウロFCでプレーを続けて、一〇年後ぐらいかな、プロ契約までこぎ着けた。その後、ブラジルでいくつかのクラブを渡り歩いて、一九八九年に日本へ帰ってからはJSLの日立製作所（現・柏レイソル）などで数年プレーした。Jリーグが発足する前（一九九二年）に引退してしまったけど、あともう少し現役を続けていれば、Jリーグでも活躍して、スターになったかもしれないね（なお、水島武蔵は髙橋陽一作の人気漫画『キャプテン翼』の主人公・大空翼のモデルと言われている）。

眞彌は残念ながらプロまでは行けなかった。あれから何年か経った後にサンパウロで会って、一緒にフットサルをしたことがあるんだけど、その時には「もうサンパウロFCはやめるんだ」と言っていた。その後、彼がどうしたかは知らない。日本へ帰ったらしいという話は聞いたけど、いつ頃のことなのかもわからない。

いずれにしても、これが、日本人の少年がブラジルへ「サッカー留学」した最初の例だ。一九八〇年代はじめにカズ（三浦知良、元日本代表）がブラジルへ渡る何年も前の話だよ（三浦は一九八二年に一五歳でブラジルへ渡っている）。

◉「サッカー留学」の実態とは

ただね、少年のサッカー留学というのは、こうしてうまく行くケースばかりじゃないんだ。日本ではあまり知られてないかもしれないけど、ブラジルじゃみんな知っている留学の実態を少し話しておきたい。

カズがブラジルへ渡った一九八〇年代以降、日本からのサッカー留学がどんどん増えていった。さすがに武蔵や眞彌のように幼い子どもはあまりいなかったけど、大半は中学生・高校生ぐらいの一〇代の少年たちだ。そこには、エージェントと呼ばれる仲介者が存在していた。つまり、留学を仲介することが「商売」になったんだね。エージェントの多くは日本人だよ。

彼らは日本で集めた留学希望の少年たちを、練習生かアマチュア会員か、どういう形にしろ、各地のクラブへ送り込む。そして泊まる部屋を用意する。だけど、たいていの場合、それで終わりだ。日々の生活のサポートや食事の世話まではしてくれない。まして、学校に通わせたり、勉強の面倒を見たりすることなんて、だれも考えもしない。

ブラジルのクラブといったって、毎日毎日、朝から晩まで練習しているわけじゃない。だいたいは週に二、三日、午前か午後だけだ。サッカーの練習をしている時はいいけれど、それ以外の時間を子どもはどう過ごせばいい？　食事はいつも外食で済ますの？　ポルトガル語はどこで習う？　病気になったらどうするの？　いくらサッカーが好きで、上手くなりたくて、ブラジルに夢を抱いたとしても、サッカーだけをしていればいい生活なんてありえないよ。サッカー以外の時間は何もせずにぶらぶら遊んでいたら、一〇代の間に学ばなければいけないこと、経験しておくべきこと、何もできなくなる。それで将来どうするの。

エージェントは高い仲介料だけ受け取って、サッカーの練習はクラブの責任、日々の生活は本人まかせ。それでひどい目に遭ったという話を、ぼくはいくつも聞いている。実際に留学していた本人が話してくれた体験談もあるし、ブラジルで噂になっている話もある。

ぼくが聞いている八〇年代〜九〇年代の話では、エージェントに支払う仲介料は年間二〇〇万円ぐらいだったそうだ。そこからクラブにいくらか払うにしても、たいした額じゃない。なのに、用意される部屋は、二段ベッドを並べて六人とか八人を詰め込むような狭くて粗末なところ。人数分で割れば、家賃なんか知れてるよね。日々の生活費は、最初に支払った仲介料の中からエージェントが渡す。金額を決めるのはエージェントだ。月に一万円なのか二万円なのか、それがほんとうに正当な額なのか、本人や親にもわからない。悪い想像をすれば、ほとんどはエージェントの懐に入っている。その可能性が高い。

それでも、必ずプロになれるというなら、まだいい。だけど、八〇年代以降、少なくとも一〇〇〇人以上はサッカー留学生が送り込まれた中で、ブラジルでも、日本でも、ほかの国でもいいけど、プロのサッカー選手になれた人がどれだけいる？　成功した選手なんて、ほんのひと握りだ。ほとんどの少年たちは、カズや中澤佑二（横浜F・マリノス、元日本代表）にはなれなかった。ぼくの知っている元留学生は言ってたよ。「何にもならなかった。ただお金がかかっただけだった」って。

お金を出す親は、自分の子は一生懸命練習しているかと信じているかもしれないけど、残念ながら、そんな子ばかりじゃない。遊ぶことを優先して、サッカーが二番目、三番目になっていった子もいた。でもそれは、子どもの意志だけの問題じゃない。金額や目的に見合った練習や生活の環境が用意されてないからなんだ。

時間を持て余してぶらぶらしていれば、悪い人間にも出会う。万引きをしたり、性病にかかったりという話もよく聞いた。最悪の場合は麻薬に手を出す子だっている。こんなこと言いたくないけど、ブラジルには麻薬組織があったりして、簡単に手に入ってしまうからね。治安も、日本よりずっと悪い。

勉強するべき時期に学校に行かず、働きもせず、サッカーもたいして上手くならず、変なことだけ覚えて……それで日本に帰ってきたとしたら、何のために高いお金を払って行かせたんだという話になる。いや、お金の問題よりも、本人の将来にとって何もいいことはない。

ぼくは、サッカーの夢を追うことが悪いと言ってるんじゃない。プロになれれば素晴らしいことだし、なれなくても、その経験が将来に活きればいい。サッカー留学で学んだことを活かして、いまはJリーグのチームでポルトガル語の通訳をやっている人も知ってるよ。

だけど、これだけは言っておきたい。一〇代の時には、一〇代なりにやるべきことがある。サッカーだけできれば、あとはどうでもいいという考え方はおかしい。学校に行って勉強して、しっかり食事を摂って、安心できるところで寝られて……そういう環境がちゃんとあって、はじめてサッカーに打ち込めると思うんだ。

最近はブラジルへのサッカー留学も、以前に比べて減ってきたみたいだけど、これから目指そうという人も、甘い夢だけを見て商売に利用されるようなことにはなってほしくない。子どもを送り出す親も、いまだにそういう実態があるかもしれないことは知っておいてほしい。

◉サブから一転、ヒーローに

サント・アンドレ体育大学に復学してからの二年間（ブラジルの大学は三年制）、ぼくはまた大学と仕事、その合間にサッカーという日々に戻った。午前中に大学へ行って、午後の仕事はしばらくの間、従兄弟が開いていた会計事務所を手伝った。で、だいたい土曜日の昼間に日系人チームのモシダージの試合がどこかである。それ以外にも誘われたらどこへでも行って、いろんなチームでプレーした。そういうのはだいたい土曜日の夕方から夜にかけてのナイトゲーム、もしくは日曜日だったね。

友達が作ったチームに入って、サンパウロ州南西部の地域リーグに参戦していた時期もある。週末になると、サンパウロ市内から八〇キロとか一二〇キロ離れた町まで出かけて行って、ゲームをやって、その日のうちに戻ってくるという強行軍。行って帰ってくるだけでも大変だよ。しかも、地域ごとにアマチュアチームが独自にリーグを作って試合を組んでいるだけで、公式戦というわけじゃない。それでも、サッカーができるのなら、なんだってよかった。どんなチャンスも無駄にしたくなかったんだ。

公式戦で言えば、大学二年の時にフットサルでサンパウロ州の大学選手権に出たのをよく覚えている。

前にも話したけど、ブラジルでは学校単位の部活というのはなくて、普段はそれぞれにクラブチームでプレーしている。で、大学対抗の試合がある時にメンバーを集めてチームを作るんだ。その時の大学のフットサルチームは、ぼくの友達がリーダーになって、セミプロのメンバーを集めていた。セミプロというのは、たとえばどこかの企業が作ったチームに入っていたり、正式に協会に登録しているクラブでプレーしていたりする人たち。そういう人たちが午前中は体育大学で学び、午後や夜にフットサルの練習をして、試合があると少しだけお金をもらっている。ぼくは完全にアマチュアだったから、彼らとは別世界。一緒にプレーすることはなかったんだけど、たまたまそのリーダー格の彼と大学で友達になって、誘われたというわけ。

だけど、最初の頃は三、四人いた控え《サブ》の一人として呼ばれるだけで、全然出番がなかった。彼らは以前から一緒にやっている仲間だからメンバーは固まっていたし、ぼくのプレーもあまり知らない。しょうがないから、ずっとベンチで見ていたんだ。ところが、州大会の予選を勝ち上がって、いよいよ決勝だという日に、レギュラーの何人かがクラブチームの試合か何かで来られないことになった。集まったのは六人だけ。フットサルは一チーム五人だからギリギリだ。

その日もぼくだけベンチスタートだったんだけど、フットサルって運動量がすごいから、よくメンバー交代があるんだ。で、前半の途中にようやく出番が回ってきた。〇対〇だった。はじめての出番だからはりきったのもあるし、調子がすごくよかったんだろう、いきなり一点取ってね。後半にも立て続けに三点取って四対〇にした。

結局、その試合は五対一で勝って、うちの大学が優勝したんだ。リーダーの彼はびっくりしていたよ。「なんでおまえ、プロでやらないの?」って。ほかのメンバーにも「こんなにやれるとは知らなかった」と口々に言われたよ。ほら、顔が「日本人」だから、サッカーは上手くないイメージがあったんじゃない? 「サッカー留学してたといっても、行き先は日本だし」と思われていたかもしれない。だけど、ぼくは子どもの頃から、呼ばれればどこへでも行って、いろんなチームでプレーしてきたし、ものすごく上手い白人や一メートル九〇センチを超すような黒人ともボールを競り合ってきたから、セミプロの彼らとも、そこそこやれる自信はあった。その試合がきっかけで、みんなから信頼されて、その後はいろんな大会や試合に呼ばれるようになった。

まあそんな感じで、サッカーやフットサルはできる限り時間を見つけてやっていたんだけど、やっぱり仕事をしながらのことだから、十分満足できるほどではなかった。大学に戻って、しばらくは従兄弟の会計事務所に勤めたと言ったけど、そこはすぐに辞めて、新しい仕事をするようになったから、結構忙しく、体力的にきつくなったのもある。

その仕事というのは、スイミングスクールのコーチだ。大学の、また別の友達がスイミングスクールを開いていて、もう一つ支店というか、新しいプールをオープンするから来ないかって誘われたんだ。ぼくは日系人クラブで水泳もやっていたし、たまにアルバイトで教えに行ったりもしていたからね。大学を出たらスポーツに関わる仕事をしたいという希望もずっと持っていた。たとえば体育の先生になるにしても、いろんなスポーツの指導経験を積んでおいたほうがいい。それで、二つ返事で引き受けたんだ。

◉水泳から学んだ「スポーツ指導とは」

そこは、サンパウロでは最も早い時期にできたスイミングスクールで、ぼくの大学の友達と四〇代ぐらいの人が共同経営していた。二人とも日系人だ。ちょうどその頃、一九七〇年代の半ばから、ブラジルではスイミングスクールがちょっとしたブームになった。海へ泳ぎに行ったり、地域のクラブのプールで泳いだりというのはそれまでにもあったけど、専門のスクールへ行って、ちゃんとコーチから泳ぎを教わるという形はまだ新しかったんだ。ぼくの友達はブームに乗って、いち早く事業を広げていったわけだ。

ぼくは、主に幼児向けクラスを担当することになった。三歳から五歳ぐらいの子どもたちが相手だ。浅い子ども用プールからはじめるんだけど、まだ水に慣れていないから、最初はみんな怖がってよく泣いてね。保育園みたいだった。だけど、その経験からスポーツ指導というものについて学んだことはすごく大きかった。

ぼくともう一人、やっぱり大学生のコーチがいたんだけど――彼は日本人とロシア人のハーフで、弁護士になる勉強をしていた――すごく子どもの扱いがうまいやつでね。彼が一緒にプールに入ると、子どもたちは喜んで盛り上がった。そのやり方を見ながら、ぼくも指導方法を考えたり、彼と話し合っていろいろ工夫したんだ。

泳ぎの前に、まず水に慣れさせなくちゃいけない。最初は、浅いプールでしゃがんで歩くところからだ。ぼくがやって見せて、子どもたちにマネをさせる。次に、カニ歩き、それからウサギ跳び。遊びながら、水に浸かる感覚や水中でのバランスの取り方を覚えさせていく。それができれば、顔を浸けること。息の止め方と吐き方だ。大きく吸った息をゆっくりと水面に向けて吐いてもらう。だんだん姿勢を低くしていくと、口が水につき、やがて完全に水に浸かる。そこで息を吐ききって、吸おうとすると、水を飲んでしまう。鼻にも入る。だから、水を感じたら必ず吐くんだ、ということを教える。呼吸に意識を集中させて練習するうち、顔に水が飛んで濡れる。繰り返していると、自然と水は怖くなくなってくる。少しぐらい目に入っても平気なぐらいに慣れてきたら、今度は水の中で目を開ける練習。水中にある手や足の指を数えたり、色を塗った石を拾わせたり。それができたら、今度は力を抜いて身体を水に浮かせる練習……。

いまではどれも珍しいやり方じゃないけど、当時はスイミングスクールができはじめた時代で、コーチングのテキストやマニュアルなんて一切なかった。一から自分たちで考えて、どうすれば子どもたちが水を怖がらなくなるか、水の中を楽しいと思ってもらえるか、頭をひねったもんだよ。指導方法を考えること自体が楽しかった。成果が出れば、もちろんうれしい。

スポーツの指導というのは、教科書どおりにやるだけなら、そんなに難しくはない。すでに確立された手順や方法を押し付けるだけなら、命令や強制だけしていればいい。だれにだってできるんだ。そうじゃなくて、何ができて何ができないかを見きわめて、練習するべき点を本人にさりげなく気づかせること。「こうすればできる」「ここまでならできる」という達成感を与えながら、新しい課題を付け加えて、だんだんと高度にしていくこと。その方法を独自のやり方で作っていかないといけない。

いちばん大事なことは、子どもたちが自分から「やりたい」「上手くなりたい」と思うように導いていくこと。それが、ほんとうの意味での指導者なんだ。教える相手によって、年齢や性格や集中力、身体能力や経験値も異なるわけだから、いつも決まったやり方が通用するとは限らない。その時どきの生徒に合った方法を採り、成果をちゃんと検証しながら、常に「どうやって上手くやらせるか」を考える。指導者の仕事とは、そういうことだとぼくは思っている。

こうした考え方は、後に日本でサッカーを教えるようになった時に、ぼくの基本になった。いまだって意識しているよ。そういうことに気づかせてくれたのが、幼い子どもたちと向き合った、あのスイミングスクールの経験だ。何しろ、最初は顔も水に浸けられない子たちを、五歳までにクロールや背泳ぎができるようにするのが仕事だったからね。

同じ時期、スイミングスクールを終えると、もう一か所、夜の仕事としてYMCAに行くようになった。ここでは、子どもから大人までいろんな年齢の人たちに、さまざまな競技を指導した。フットサル、水泳、バレーボール、卓球、マット運動や器械体操。夏には子どもたちを連れてキャンプにも行った。

午前中に大学、昼にスイミングスクール、夜はYMCA。ブラジルの大学に戻ってからの二年間は、そんなサイクルで過ぎていった。スポーツは何でも好きだから、基本的には楽しいんだけど、体力的にはやっぱりちょっときつかったな。スポーツ関係の仕事に携わりたいという入学当初からの希望はいちおう実現していたわけだけど、そういう生活だと、どうしても以前よりサッカーをやる頻度も減ってくるしね。

サッカーに関係する仕事、たとえばプロのクラブチームのスタッフとか、フィジカルコーチとかも考えたことはあるし、実際、同級生でそういう道に進んだ人もいた。だけど、ぼくの場合はすでに水泳の道が開けていたから、仕事としては、そっちへ進むのが自然だったんだ。

一九七七年二月に大学を卒業した後も、ぼくはそのままスイミングスクールの仕事を続けた。そして数年後には、また別の友達の誘いでスクールを立ち上げて共同経営することになる。人生のパートナーになった人も一緒にね。

◉結婚と「水の中の刑務所」

一九七八年は、アルゼンチンでワールドカップが開催された年だ。ブラジル代表では、ぼくよりも少し歳下のジーコたち、後に「黄金のカルテット」と呼ばれるようになる若手選手が台頭し、ぼくが子どもの頃に憧れたリベリーノあたりはすっかりベテランになって出場機会も減り、世代交代を印象づけられた大会だった。アルゼンチンが優勝し、ブラジルは三位だった。

そんな大会があった年の一一月に、ぼくは結婚した。二七歳の時だ。

相手は、マリナ・アキズキ。札幌での留学を終えて、ブラジルへ帰ってきたぼくを空港へ迎えにきてくれた元の職場の同僚。二歳下の日系人女性だ。彼女とは、あれから連絡を取り合うようになり、ほどなく付き合いはじめた。ぼくは大学と仕事、休みの日はサッカーという生活だったから、しょっちゅう会ったり、デートしたりということはできなかったけど、遠方で試合がある時なんかは、時々ドライブがてら一緒に出かけた。いつしか、彼女と結婚するんだろうなと考えるようになっていた。

彼女は、お父さんが静岡県、お母さんが熊本県の出身。二人とも幼い頃にブラジルへ渡っている。二世の彼女は、ぼくと同じように、家庭内では日本の文化や習慣を守ること、「結婚は日系人とするように」と教えられて育ったそうだ。だけど、やっぱりぼくと同じように、親の言うことをそのまま聞いていたわけじゃなく、「相手は絶対に日系人」とこだわっていたのでもないらしい。札幌にいたぼくに手紙をくれたのも、空港へ迎えにきたのも、彼女のお母さんに強く勧められたからだって——まあ、照れ隠しかもしれないけど——言ってたよ。ぼくが日系人だということもあって、お母さんがすごく気に入ってくれたのは、ほんとうみたいだけどね。

マリナは、ぼくと最初に会った頃は大学の法学部で弁護士になる勉強をしていたんだけど、その後にサント・アンドレ体育大学に入り直した。だから、ぼくの後輩に当たる。そして、ぼくと同じスイミングスクールでコーチをやるようになったんだ。彼女が担当したプールは、ぼくとは違う場所だったけどね。

結婚することになって、新興住宅地として拓けはじめていたサンパウロ市の外れにマンションを買った。地下鉄のコンセイソンという駅の近くだ。当時はまだ地下鉄が新しくて、駅に近い物件は高かったけど、ちょっと無理してね。ローンを長引かせるのが嫌で、一〇年といういちばん短い期間で組んだもんだから、頭金が高くて、用意するのが大変だった。大学時代にはほとんどなかった貯金を卒業後の一年あまりで必死に貯めて、それでも足りない分は家族や親戚にちょっとずつ借りてなんとかした。まあ「気合い」だね。ほんとうはもう少し早く結婚したかったんだけど、経済的な事情で遅れてしまっていたから、ここで頑張らないと、もっと先になってしまうと思ったんだ。

結婚して二年ほど経った頃、やっぱり日系人の知り合いから、スイミングスクールを一緒にやらないかという誘いがあった。彼は建築設計の仕事をしていて、副業として事業をはじめたかったみたい。当時、スイミングスクールは流行っていて儲かったからね。「ジャンビ」という名前のスクールで、彼のあだ名からきている。プールなどの施設は彼が自分で設計して、資材や作業員も調達するということで、安く立ち上げることができた。でも、コーチングやスタッフ養成のノウハウはないから、ぼくの経験が買われて声がかかったんだ。利益は五〇パーセントずつ分けるという約束だった。

彼の狙いは当たって、このスクールは好調だった。オープン前にもう会員登録が一五〇人あって、一年以内に五〇〇人に増えた。六割が子どもで、残りが大人。日系人のお年寄りや日本企業の駐在員の家族とかもいたけど、人種も年代もさまざまだった。ブームの後押しもあったけど、口コミで指導法の評判が広がっていったらしいんだ。まあ指導に関しては、ぼくがいろいろ工夫して、年齢やレベルに応じて、かなり丁寧にやっていたからね。ぼくはコーチをするだけじゃなく、ほかのスタッフのコーディネート役でもあった。若いコーチを募集して、採用して、教育して……と全部やっていたんだ。マリナもここで教えていたよ。

共働きだし、ぼくは共同経営者だから収入も悪くない。いろんな生徒と出会えるのも楽しかったよ。ただ正直なところ、仕事はすごく大変だった。何しろ、朝から晩までずっとプールに浸かっている生活だったから。

朝は六時頃に家を出て、六時半にはプールを開ける準備をはじめる。仕事へ行く前に泳ぎに来る人がいるからね。レッスンは午前中にはじまって、四五分単位で次々とクラスが入れ替わる。プールから上がるのは五分間の準備体操の時ぐらい。昼に一時間ほど休憩があるけど、あとは夜の一〇時まで、ほぼぶっ通し。その間に、事務所の仕事もやらなきゃいけない。マリナも朝七時から夕方五時半までレッスンを持ってた。長女が一九八一年、次女が一九八三年に生まれたから、その間はしばらく休んだけどね。

そんな生活が六、七年続いたかな。そのうちに、ぼくはなんだか水の中の刑務所にいるみたいな気分になってきた。一日中、プールの水に浸かっているのは疲れるし、消毒薬で肌も荒れる。しかも、途中からぼくは共同経営者から外されて、建築士の彼が一人でオーナーになったんだ。そうすると、仕事は減らないのに、収入が減るじゃない。だんだん体力的にも精神的にも疲れてきて、少し環境を変えたいと思うようになったんだ。

とにかく、プール漬けの生活から抜け出したいというのが一つ。もう一つ大きかったのは、サッカーをする時間がほとんどなくなってしまったことだ。

「水の中の刑務所」暮らしで、ぼくのサッカーへの思いは募るばかりだった。

◉日本へ、ふたたび

札幌大学の柴田先生から久しぶりに連絡があったのは、そんな頃、一九八七年のことだった。たぶん一〇年ぶりぐらいに届いた手紙はこんな内容だった。

〈社会人チームの札幌マツダ（現・サンクFCくりやま）にブラジル人選手の紹介を頼まれている。二人連れて行きたい。近々そっちへ行くから選手探しをサポートしてくれないか〉

ぼくは喜んで、日伯毎日新聞や日本文化福祉協会、そのほか、いろんなところに頼んで募集をかけてもらった。日系人クラブのグラウンドを借りる手配もして、セレクション当日もお手伝いしたんだ。

その時に一人、すぐ決まったのがマルコ中林という名前の二五、六歳の日系人青年。ほら、あの武蔵と眞彌がサンパウロFCに入った時に、バスに乗ってクラブへ連れて行ってくれたフットサルの選手だよ。彼はプロになっていたぐらいだから実力は申し分ない。フットサル選手だから、個人技にも優れているだろうということで、柴田先生に紹介した。もう一人、選ばれたのはフランシスコ山口という、やっぱり日系人の選手だった。

柴田先生がぼくにまた新たな「パス」をくれたのは、その選考を終えてサンパウロで食事をしている席でのことだった。

その頃、柴田先生は、札幌で少年サッカーのスクールをやりはじめていた。北海道のサッカーをレベルアップするには子どもから鍛えないと……ということで、七、八年前に開設したということだった。名前は「札幌サッカースクール（通称SSS＝スリーエス）」。話というのは、そのスクールのコーチが足りないのでやってみないか、という誘いだった。とりあえうらしい。

ずニ年でいい、と。札幌マツダに行くことになったマルコやフランシスコにも手伝ってもらうらしい。

　サッカーに飢えていたぼくにすれば、ありがたい話だったよ。だけど、迷った。ぼくはもう結婚して、子どもも二人いて、スイミングスクールの仕事もある。大学時代とは条件が違う。ただ、日本で働けば、少しはお金を貯められるかもしれない。水泳の仕事は共同経営者から降りて、コーチ業だけでは朝から晩まで働いても、それほど余裕のある暮らしじゃなかった。行ってみたい気持ちもある。でも、行くなら家族で行きたい。マリナはなんて言うだろう。娘たちは大丈夫だろうか――。いろんなことを考えた。

最終的にぼくが従ったのは、自分の中にどうしようもなく存在する「サッカーをやりたい」という気持ちだった。

ボールを蹴るチャンスがあれば、どこへでも行く。それがぼくの生き方だ。プールの中にいても、いつも身体の中にはサッカーの感覚が残っていた。子どもの頃から「遊び」としてやってきたサッカーこそが、自分のいちばんやりたいことで、いちばん喜びと生きがいを感じられる瞬間だということを、ぼくは痛感していた。仕事が忙しくなって数年間、自由にプレーできない日々の中で、その思いはどんどん膨らみ、抑えられなくなっていたんだ。

マリナにはこう言った。

「ぼくはやっぱりサッカーをやりたい。日本へ行こうと思う。ただし、家族と一緒でないと、行くつもりはない。あとはきみが考えて結論を出してくれ」

彼女は相当悩んだみたいだ。当然だと思う。幼い二人の娘はもちろん、彼女も日本に行ったことがない。不安だらけだっただろう。だけど、最終的にはぼくを信頼してくれた。そして、OKしてくれたんだ。

一九八八年二月。最初の留学から帰国して一三年後、ぼくはふたたび日本へ渡ることになった。二年間、今度は指導者として毎日サッカーにどっぷり浸って働き、お金を貯めたらブラジルへ戻ろうと思っていた。帰ってきてからのことは、その時にまた考えればいい。

ぼくのおじいさんが家族を連れてブラジルへ渡る決断をした時も、同じように考えたのかもしれない。ふと、そんなことを思った。

寡黙な業師。「サムライのような男だった」

◉コラム　柴田勗さん

ボール・コントロールがめっぽう上手い「業師」。性格は頑固で負けず嫌い。口数は少ないが、責任感が強く、男気のあるやつ――。札幌大学サッカー部へネルソンさんを招いた元監督の柴田勗さんは、当時のネルソンさんの印象をそう語る。

「ブラジルのプロ選手に匹敵するほどの足技に驚いて、セレクションでは文句なしで彼を選んだ。とにかくサッカーに自信を持っていて、大学選手権の時だったか、七人抜きのゴールを決めたこともある。部員にとっては実質的な指導役。札大にブラジル流サッカーの礎を築いたのは、まちがいなくネルソンだった」

納得のいかない負け方をすると、ネルソンさんはすごく怒ったという。ゴールキーパーが前線にロングパスを出すのを嫌い、「短いパスを出せ」「ボールをつないでゲームを組み立てろ」と繰り返し言っていたのが、柴田さんの記憶にもある。

「一言二言しか言葉を発しないけど、黙って心で伝えるタイプ。フットサルのルール翻訳もそうだけど、一度した約束は必ず守る。ひと言で言えば、サムライだったよ」

一三年後、札幌サッカースクール（SSS）で再会した時の印象もまた、それと変わらない。やはり寡黙な「職人」のコーチだったという。

「ネルソンは、とにかく『教えない』。子どもたちの前で、足技を少しだけ見せて楽しませる。それで盗ませるんだ。サッカーは押しつけられるもの、苦しいものじゃないというのが彼の方針。子どもと一緒に遊ぶことを大事にして、怒ったり、厳しく指導したりとかは絶対にしなかった。でも、遊びの中に技術の到達目標はちゃんと設定していたし、ゲームの勝敗にはこだわっていた。

試合中に気づいたことがあると、選手を手招きして耳元でワンポイントのアドバイスをささやき、よい発想をうながす。これは指導者として相当な力量だよ」

グラウンドで微笑みを浮かべながらプレーをじっと見守るネルソンさんの姿を、柴田さんはいまもよく覚えている。

（松本創）

第五章　指導者という生き方——札幌〜倉敷

◉札幌のサッカー少年たち

一三年ぶりにやってきた二度目の札幌は、はじめて来た時と同じように、見渡す限り真っ白な雪景色だった。だけど、驚いたり、懐かしんだりしている暇は、ぼくにはなかった。

一九八八年の二月末。三六歳になっていたぼくには、妻のマリナと二人の幼い娘——六歳の長女ユカと四歳のユミ——がいた。彼女たちは、ぼくの「サッカーを仕事にしたい」「どんな形でもいいからサッカーに関わっていたい」という思いを理解し、ぼくを信じてついてきてくれた。自分たちのルーツがあるとはいえ、地球の反対側のこの国で暮らすことなんか想像もしなかっただろう。

彼女たちは、北海道の冬の寒さとはじめて見た雪にびっくりしていた。いや、最初のうち娘たちは喜んでいたかな。ただ実際に生活がはじまると、すごく苦労をかけてしまったんだ。特に長女と妻には……。その話はまた後でするよ。

新しい住まいは札幌市の北区。ぼくの職場である札幌サッカースクール（SSS）の事務所の隣にあったアパートを柴田先生が用意してくれた。そこから週六日、火曜日から日曜日まで、ぼくは事務所に通ってフルタイムで仕事をした。午前中は一〇時から事務所の仕事や雑用をいろいろこなして、午後、学校が終わるぐらいの時間になると、スクール生を迎えにワンボックスカーで市内を回る。練習場所は曜日や季節によって体育館やグラウンドを転々としていたから、そこまで連れて行って練習を指導し、終わればまた車で送り届ける、というのがだいたいの日課。日曜日には、地域の少年団のリーグ戦や練習試合がよくあった。

SSSは、北海道ではいちばん古い少年サッカーのクラブだ（一九七九年設立）。四、五歳の幼児から小中学生まで、当時二〇〇人ぐらいいたと思うけど、中心は小学生。本格的に選手を育成するコースと、初心者に基礎技術を教える普及コースがあって、育成コースの小学校六年生が中心になってレギュラーチームを組んでいた。いろんな大会で優勝して、実力的にも道内ではナンバー1だったよ。

コーチは六人。二人が日本人。ぼくを含めた四人がブラジル人で全員日系人、みんな一緒の時期に入った。サンパウロでのセレクションで札幌マツダの選手になったマルコ中林とフランシスコ山口。それに、そのセレクションを手伝っていたパウロ松本。彼はサンパウロの日系人クラブで教えていて、日本に来たがっていたんだ。その四人がコーチとして入ったことで、SSSの指導にブラジル流が本格的に取り入れられることになった。

少年サッカーからブラジル流で教える、コーチは日系人で固めるというのは、柴田先生が札幌大学に留学生を受け入れた経験が元になっているのかもしれないね。以前、ぼくと先生でルールブックを訳し、北海道に持ち込んだフットサルも積極的に取り入れていたよ。SSSの子どもたちはフットサルの大会にも出て、優勝していたぐらいだ。

マルコやフランシスコは実業団選手との兼任で、その練習がはじまる時間になると抜けたけど、ぼくは専任だったから、初心者からレギュラーチームまで、いろんな年齢・コースの子を指導した。留学生時代に講習会なんかで接していた子どもたちと比べると、全体的なレベルは上がっていると感じたよ。個人技術は特にね。

サッカーの技術というのは、基本的に三つしかない。キックとトラップとドリブル。つまり、ボールを蹴ること、止めること、運ぶことだ。まずその基本がきちんとできて、その上に、ボール・コントロールのテクニック――ボールタッチの強弱、ヘディングやリフティングなど体のいろんな部分の使い方、相手をかわしてキープし続ける方法、フェイントのやり方など――がいろいろある。小学校に入るか入らないかぐらいの年齢で、もうすでに基本はちゃんと身につけて、その上のレベルでやれている子たちもいたよ。

たとえば、当時まだ六歳だった山瀬功治（元日本代表）のことはよく覚えている。彼はぼくが来る前、五歳からスクールに入っていたんだ。ワゴン車で迎えに行くと、いつも背中より大きなリュックを背負っていてね。練習の合間にはマルコ中林とじゃれ合うように、一緒にボールを蹴って遊んでいたよ。身体はまだ小さいんだけど、飛び級で一歳上のコースに入って、その中でも自信を持ってボールをコントロールできていた。キープ力があって、ドリブルをしても相手に取られることがなかったね。彼は中学の時にブラジルへ留学して、高校を卒業してからプロになった。コンサドーレ札幌に入って、浦和レッドダイヤモンズ（レッズ）や横浜F・マリノスでもやっていた。いまは京都サンガFCにいるよね。

もう一人、吉野智行という子も目立っていた。山瀬より一つ上で、彼も飛び級で年上の子たちに混じって練習してたよ。山瀬とは違うタイプだったけど、彼も基礎技術がしっかりして、広い視野を持った上手い子だった。浦和レッズとか湘南ベルマーレでプレーしたよね。ほかにも、SSS出身でJリーグへ行った選手は何人かいるんじゃないかな（SSSのHPによると、二〇一三年時点でスクール出身のプロ選手は一三人。うち一二人がJリーグでプレー）。

個人技術というのは、ボールをさわる時間が長ければ長いほど上達する。これは間違いない。ブラジルの子どもたちが上手いのは、物心ついた時から遊びでフットサルやサッカーをやっていて、常にボールをさわっているからという話を前にしたけど、ぼくがブラジルに戻っていた間に、日本の子どもたちの間でもサッカーがずいぶん身近になっていたんだろうね。それが一目ではっきりわかるぐらい、一三年前の子どもたちとはレベルが違っていたよ。

ただその一方で、チーム全体の戦術となると、まあ子どもだから無理もないんだけど、まだまだ未熟だなと感じた。ぼくが最初に札大のサッカー部で感じたのと同じで、放っておけばやっぱり蹴り合いのゲームになってしまう。技術を持っている子は、どうしても自分一人でやろうとするしね。だから、大切なのはチームプレー、つなぐサッカーだということを何度も言い聞かせて、そのためのパターン練習とか、パスの精度を上げる練習を繰り返しやらせるようにした。

サッカー人気が少しずつ出てきたとはいっても、当時はまだJリーグもなかったし、ワールドカップの中継も北海道じゃ満足に見られなかった。だから、いいゲームや戦術とはどういうものか、強いチームはどんなふうに動きを展開するのか、そこまでは伝わっていなかったんだね。リーグ戦や練習試合で対戦する相手の中にも、とにかく大きく前へ蹴って、みんなでボールを追いかけるようなスタイルのチームは結構あった。まあ、いまだにそういう指導をする監督やコーチはいるけどね。それはたぶん、指揮を取る自分が勝ちたいからで、彼らにとっては勝つのがいいゲーム、内容よりも勝敗だという考えが強いからなんじゃないかな。

幼児や低学年ぐらいまでは自由にボールを蹴らせて、好きなようにやらせるのもいいけれど、技術や体力がある程度ついてくる高学年になっても「蹴れ、蹴れ」と言われて、パワーと足の速さ勝負のサッカーをやらされたら、子どもたちがかわいそうだよ。だって、それ以上伸びなくなってしまうからね。選手として大きく成長するゴールデン・エイジはだいたい一二歳。その年頃までには、フィールドを広く見渡す目とパスをつなぐ技術を身につけさせて、ほんとうにいいサッカーとはどういうものかを教えてあげたほうがいい。

SSSはもともと上手い子たちも多かったから、ぼくの言いたいことがわかってくれば、試合でも自分たちで考えて、少しずつやりたいことを形にしようとしていた。そうやって成長していく姿は見ていて楽しかったね。その時点ではパーフェクトじゃなくても、自分たちがやろうとしているプレーの意味が理解できれば、いつかはできるようになる。上手くなるとか学ぶというのは、そういうものだよ。

◉日本人はなぜゴール前に弱いか

ぼくはブラジルにいた時も、YMCAや日系人クラブで子どもにサッカーを教えた経験があるけれど、技術や戦術の話は別にして、教えやすさで言えば、これは圧倒的に日本の子どもたちのほうがやりやすかった。

まず、日本の子は話をよく聞く。素直だし、礼儀正しい。基本的にまじめなんだね。ブラジルだとそうはいかない。全然聞いてない子もいるし、こっちの言った練習内容と違うことをやりたがる子もいる。返事もいい加減だったりね。そういう時は、もちろん注意しないといけない。だけど、いざ練習をはじめると、大きな問題はないんだ。みんながおとなしく、こっちの指示に従ってばかりいたら、逆にちょっと気持ち悪い。

これはどういうことかと言うと、プレーの技術そのものと、練習態度やマナーの問題は分けて考えないといけないという話なんだ。

たとえば、日本のサッカーの課題として、よくゴール前に弱い、決定力がないということが言われるよね。あれは、キックがうまくいかなかったとか、トラップミスをしたとか、そういう単純な技術の問題じゃなくて、「感覚」の問題だと思うんだ。感覚とは何かと言えば、自分のところにボールが来れば、どんな形でもなんとかシュートするという意識を持っているかどうか。もう一つは、タイミングやコースをちゃんと読んで蹴れるかどうか。心の余裕の問題だ。

それは、その人の性格やこれまでの経験、自分の技術に対する自信とか全部ひっくるめて、選手の中に自然にできていくものだ。サッカーをやる中で、得意なこと・苦手なことはそれぞれにある。ゴール前がなんとなく苦手だと思う気持ちがあったら、ボールが回ってきた時には確実にあせる。入らなかったらどうしよう、取られたらどうしよう……って。そうなると、コントロールをミスしたり、トラップが大きかったり、コースを狙って軽く蹴ればいいところを強く蹴り過ぎたり、普段ならできることを落ち着いてすることができなくなる。それで結局、点が取れない。

じゃあ、なんでゴール前のプレーに苦手意識を持つ日本人選手が多いかというと、それは指導者の問題も大きいと思うんだ。特に、子どもの頃についたコーチや監督の影響がね。というのも、ゴール前でミスしてシュートを外すと、怒鳴ったり、責めたりする人っているじゃない。でも、人間だから失敗するのは当たり前。それで怒っても意味がない。だって、ミスしたことは本人がいちばんよくわかっているんだよ。だから、次は失敗しないように本人が練習すればいいわけだし、指導者はできるだけ失敗が少なくなるようにアドバイスをするべきなんだ。

まずは、なぜミスをしてしまったかを考えさせること。蹴る姿勢が悪かったのか、コントロールがうまくいかなかったのか、キーパーの動きをちゃんと見られなかったのか。本人がミスの原因や自分のプレーの問題点をちゃんとわかって、納得した上で修正する努力をしないと上手くならないよ。指導者の役割は、命令や強制することじゃなく、子どもたちが自分でなんとか修正できるように導いてやることなんだ。

怒る監督は、日本だけじゃなくブラジルにもいるよ。でも、ぼくはプラスにならないと思う。特に子どもにはね。怒られないようにビクビクして、苦手意識が付いてしまうだけだ。練習に取り組む姿勢とか、仲間や指導者に対する接し方は態度の問題だから、厳しく言う時は言わなきゃいけないけど、プレーができるかできないかは本人次第だからね。

いつも言ってることなんだけど、ぼくは「先生」や「コーチ」と呼ばれるのはあまり好きじゃない。自分は「指導者《インストラクター》」だと思っている。先生やコーチだと、サッカーの技術を教えるだけ。自分の言うことに従わせるだけ。だけど、指導者となれば、いろんな面から相手を見て、さまざまなアプローチをしないといけない。サッカーのことはもちろん教えるけど、サッカー以外のことも教える。人間として成長させることが大事なんだ。

人間には、社会で生きていくためのルールがたくさんある。たとえば、お互いにリスペクトすること。言葉の使い方や受け答えといったコミュニケーションの取り方。スポーツマンとしてのマナー。サッカー選手として優れているからといって、どんな態度を取ってもいい、何を言っても許されるということにはならない。いかにも「自分がエースだ」という態度で仲間に接したり、インタビューに答えていたりする選手もたまにいるけど、ぼくは好きじゃないな。

プロの選手にならなくたって同じことだ。スポーツの技術に関係なく、大人になったら、よい社会人にならないといけない。スイミングスクールの頃からぼくは思っていたよ。「この子は将来、競泳選手にならないかもしれないけど、ぼくは人間として指導しているんだ」って。それがぼくの指導方針で、スクールの若いスタッフにもそう伝えていた。指導者という言葉にぼくがこだわるのは、そういう理由なんだ。

サッカーや水泳に限らず、スポーツの世界にコーチはいっぱいいる。でも、ほんとうの指導者はまだまだ少ない。

◉自分で考えられる選手を育てる

SSSでの二年間が終わる少し前、札幌第一高校という私立高校でサッカー部のコーチをやらないかという話があった。声をかけてくれたのは札幌大学サッカー部時代の同級生。彼はその高校のOBだった。

二年でブラジルに戻るという約束で来たから、ちょっと迷ってマリナに相談した。そして、「まだ帰国する時期じゃない」という結論を二人で出したんだ。ぼくはもっとサッカーの仕事を続けたかったし、ブラジルに戻ったとしても、また一から仕事を探さなきゃならない。スイミングスクールの経営からは完全に離れていたし、また雇われてコーチをやるつもりもなかった。ブラジルは当時すごく経済が不安定で、ひどいインフレ状態が続いていたこともある。

そして、何よりもマリナや娘たちがようやく日本での暮らしに慣れた頃だったんだ。日本に来て二年目の八九年には、三人目の娘ルマが生まれた。マリナは上の娘二人を連れてブラジルへ帰って出産し、また札幌へ戻ってきていた。正直なところ、渡航費用だってバカにならない。いろんな事情を考えれば、家族五人で日本にいたほうが生活が安定する。そう判断して、ぼくは札幌第一高校で教えることにしたんだ。これも二年間の約束だった。

北海道の高校サッカーでは、当時から室蘭大谷高校（全国高校サッカー選手権の常連校で、準優勝一回。多くのプロ選手を輩出する強豪。現在は北海道大谷室蘭高校に改称）がいちばん強くて、札幌一高はいつも道大会の決勝で当たって負けていた。だから、室蘭大谷に勝つことが目標になっていたんだけど、ぼくが理想とするサッカーは変わらないから、どこへ行っても教えることは基本的に同じ。どうやってブラジル流のつなぐサッカーを作っていくか、だ。

ただし、同じことを教えるにしても、教え方は常に工夫して、改良していかなきゃいけない。同じことをやるんだけど、教える相手の年齢や経験、チームの能力やコンディションに応じて、それぞれに合う練習方法、よりよく伝わるやり方がある。そこは感覚だね。自分の感覚をフルに働かせて、選手のいいところ・足りないところやチーム状態をつかみ、いちばんよい指導方法を考えるのが、ぼくの仕事。スイミングスクールのところでも話したけど、マニュアルを読んでそのままやるだけじゃ指導者とは言えない。

ぼくは、体育大学でスポーツの指導方法を勉強して、体育指導に必要なブラジルの国家資格を取ったんだけど、実際の現場では、教科書みたいなものはほとんど読まない。サッカーの練習メニューも本に沿って作ったことはない。パターン練習、技術練習、フィジカルトレーニング、すべて自分で考えてきた。速く正確にパスをつなぐにはどうすればいいか。センタリングをきれいに上げるにはどんな技術が必要か。タックルで倒された時にはどう手を付けばいいか。そういうことを全部想定して、課題を与えていくんだ。

北海道は雪のハンディを背負っているから、グラウンドに出られない五か月間をどう使うかが大事になる。札幌一高は体育館が広かったから、フットサルや、もう少し人数を増やして八人対八人の室内サッカーもできた。板の床はボールがよく跳ねてコントロールが難しいんだけど、基本の技術を磨くことはできる。体育館が使えない時は、廊下を走ったり、階段を昇り降りしたり、フィジカル面のトレーニングを中心に。冬場に基本技術と身体の使い方やバランスを鍛えておいて、グラウンドに戻った時には広く動いてセンス的な部分を磨く、という組み合わせでやっていた。

ここでもまず取り組んだのは、つなぐサッカーへ意識を変えさせること。高校生が相手となれば、ミーティングで黒板を使って説明することもよくある。そういう時にぼくはこう言った。「こっちが話したことをそのままメモするんじゃなく、自分の言葉に直してノートに書け」って。ぼくの説明を聞いて、全員が同じポイントを、同じように重要だと受け止めるとは限らないじゃない。一人ひとりポジションも違えば、必要な動きも違うんだから。それぞれが自分の理解したように書けばいいんだ。そうしないと自分のものにならない。言われたとおりに覚えて、決められた動きを守っていれば楽かもしれないけど、普段からそういう姿勢でやっていたら、いざゲームになると自由に動けなくなる。自分で考えられなくなるんだよ。

結局、その二年間で室蘭大谷に勝つことはできなかったけれど、よいサッカーができるようになったとは思う。プロに行った選手もいるよ。

キャプテンだった山橋貴史といってね。中盤のゲームメーカーで、ボランチをやることもあった。視野が広くて、ディフェンスも上手い。センスのある選手だったよ。その彼を含めた三人をヤンマーディーゼル（現・セレッソ大阪）に練習生として行かせたんだ。一週間ほど練習に参加した結果、彼だけが選ばれた。ヤンマーから、そのままセレッソの選手になって、コンサドーレ札幌でもプレーした。いまは北海道で指導者になっているはずだよ。

ぼくは当時、ヤンマーとは個人的なパイプがあってね。というのも、監督だったネルソン吉村が、実はぼくの親戚、義理の兄に当たるんだ。ぼくの兄貴の奥さんが、ネルソン吉村の妹なの。日系ブラジル人としてＪＳＬでプレーしたはじめての選手と、日本の大学ではじめてのサッカー留学生だったぼくが義理の兄弟だなんて、よくできた話だと思うかもしれないけど、これは単なる偶然。まあ、いずれにしても、そういうつながりがあって時々連絡を取り合っていた。こっちはいい選手がいれば情報を送って、向こうが興味を持ったら見にきて、後で練習生として送り込むという関係ができていたんだ。

それから、高校のグラウンドを使って中学生世代のジュニアサッカークラブを設立した。よい選手を発掘して札幌一高へ来てもらうためだ。素質ある子を集めて、高校でしっかり育て上げたら、社会人リーグや大学へ送り出す。一貫した育成システムを作ったわけ。いまはもう、ジュニアのクラブはなくなってしまったみたいだけどね。

◉夜の仕事とサッカーと

札幌一高のコーチの仕事というのは、実は専業じゃなかった。監督やほかのコーチは学校の先生で、ぼくは外部スタッフみたいな形で、会社員の身分で教えに行ってたんだ。

どういうことかと言うと、ぼくに声をかけてくれた札大の同級生がいた会社がススキノのど真ん中にあってね、焼き鳥屋とかスナックとか花屋とか、店をたくさん持っていたんだ。

ぼくはそこの社員として雇われて、店の仕事もいろいろやっていた。そして、サッカー部のコーチと店の手伝い全部含めた給料を会社からもらっていた、というわけ。その同級生が札幌一高の卒業生ということで、会社ぐるみでサッカー部をサポートしていたんだね。

学校の授業が終わる夕方四時頃からサッカー部の練習を指導して、夜七時ぐらいに終わると、指定された店へ行って夜中まで働く。職場は日によってバラバラだ。焼き鳥屋に行けば、焼き鳥を焼いて、出前もする。スナックへ行けば、お酒を作ってお客さんの相手をする。二軒あった花屋ではお客さんの注文を受けて、飲み屋やママさん宛てに配達しに行った。一九九〇年頃というと、日本はバブルで景気がよかったから、ススキノもすごく賑わっていてね。五〇〇〇軒ぐらい飲み屋があると言われていた時代だよ。

ぼくは札大の留学生だった当時にちょっとだけバーテンダーのアルバイトをした経験もあって、そんなに違和感なく溶け込んでいたと思うよ。顔は日本人だから、ブラジル人に見られない。言葉は十分じゃなかったけど、お客さんもみんな酔っ払っているから、あんまり気にしない。仲良くなった人も何人かいたよ。そういう人たちはぼくがサッカーをやるために来たことを知って、応援してくれた。

サッカー部の練習が終わってから、時には何軒かの店を掛け持ちして夜中まで仕事をするのは、ちょっと体力的にきついところもあったけど、それぐらいはまあ仕方ないよね。ブラジルで学校に行きながら仕事を掛け持ちしていたことや、一日中プールに浸かっていたことを思えば、毎日確実にサッカーに関わる仕事ができているだけでもありがたかった。生活のことも、会社がアパートを用意してくれたし、ぜいたくしないで出費を絞って暮らせば、十分やっていける収入はあった。マリナも三人の育児をしながら、早朝からコンビニでアルバイトしたりして、助けてくれたしね。ぼくは朝ゆっくりできた分、子どもの保育園や学校の送り迎えをすることもあった。

最初は二、三年でお金を貯めてふるさとへ帰る「出稼ぎ」に近い感覚で来たのが、仕事や家族の状況が変わり、生活のペースができて、新しい土地になじんでいく。そして、だんだんふるさとが遠くなっていく――。ブラジルへ渡ったぼくのおじいさんや多くの日本人移民たちの、そんな気持ちがわかると言ったのは、そういうことなんだ。ぼくも、どこかの時点で日本に永住するとはっきり決めたわけじゃない。いつかブラジルに戻るという気持ちはいまだってあるよ。ただ、目の前の仕事や生活をなんとかしようとがんばっているうちに、帰国は先へ先へと延びてゆく。

家族が一緒に暮らせること。子どもを安心して育てられること。そして、それと同じぐらいぼくにとって大切なのは、サッカーを仕事にできるということ。そのためにいちばんいい環境が日本にはそろっていたんだ。

サッカー留学で来た一度目と違って、二度目の札幌ではぼくも四〇歳近くになって、自分がプレーして楽しむことは少なくなったけれど、選手として試合に出るチャンスもたまにあった。札大サッカー部のOBチームに入って北海道内の社会人リーグに出たこともある。一緒にSSSに来たブラジル人コーチたちとフットサルチームを作ったりもした。仕事が忙しかったから、どちらも軽い遊び程度で終わってしまったけどね。

SSSや高校以外でも、サッカー教室のイベントを手伝ったことが何度かある。セルジオ越後が全国を回ってやっている「さわやかサッカー教室」が札幌で開かれたり、釜本邦茂が教えにきた少年向け講習会もあったな。釜本の時は、最後にエキシビジョンのゲームをやったのをよく覚えているよ。コンビで点を取ったからね。彼がフォワードで、ぼくが中盤。右サイドの深いところからセンタリングを上げると、釜本がボレーできれいにゴールを決めたの。観ていた子どもたちから「おーっ」と歓声が上がって、すごく盛り上がったね。

日本人選手がゴール前に弱いのはなぜかという話をしたけど、釜本はヤンマーでプレーしていた現役時代から一貫して、ゴールを狙う姿勢が違ったよね。ボールが来たら、なんとかしてシュートを打とうとする意識が彼にはあった。できるだけ少ないトラップでコントロールして、体勢が整わなくてもゴールの枠内にボールを飛ばすことができた。それはやっぱり

「感覚」と言うしかないね。その感覚をつかむには、何度も繰り返し練習して、身体に覚え込ませるしかない。ＳＳＳでも、札幌一高でも、ぼくはそう教えてきたつもりだ。

札大に留学した一九七〇年代の二年間、ＳＳＳと札幌一高で指導した八〇〜九〇年代にかけての四年間。合わせて六年間をぼくは札幌で過ごしたわけだけど、一度目と二度目を比べれば、北海道のサッカー事情はずいぶんよくなったと思うよ。

一つは、ＳＳＳのようなスクールや少年のクラブチームが各地にいくつかできたこと。札幌マツダの傘下にもできたし、ぼくのルーツである江別にもサッカースクールができた。それから、雪のハンディを乗り越える練習法としてフットサルが導入されて、盛んに行われるようになった。ぼくが以前、知事にお願いした芝生のグラウンドは、どこかの企業が所有するところが一か所だけできて、ぼくたちも時々使うことができるようになった。

東京や大阪、静岡や埼玉みたいにサッカーが盛んなところから見ればまだまだだったかもしれないけど、サッカーをやる場所と人は確実に増えていった。それは、北海道にもサッカーという文化が生まれ、だんだんと地域に根付きはじめたということだ。普及の先頭に立った柴田先生の力はとても大きいし、ぼくがそれを手伝うことができたのなら、うれしいことだね。

二度目の札幌でそんな四年間を過ごした後、ぼくは北海道を離れて、また別のフィールドへ移ることになった。

次の行き先は、岡山県の倉敷市。水島という町にあった川崎製鉄サッカー部だった。当時はＪＦＬ（ジャパンフットボールリーグ。ＪＳＬ＝日本サッカーリーグが改組して一九九二年に発足し、九八年まで続いた。現在のＪＦＬ＝日本フットボールリーグとは異なる組織）の二部に所属していた社会人チーム。そこの部長を北海道の知人から紹介されて、ぼくはコーチ兼ブラジル人選手の通訳として呼ばれたんだ。

一九九二年春のことだった。その翌年にＪリーグが開幕することが決まっていた。日本ではじめてのプロサッカー・リーグが動き出そうとしていた頃、ぼくもこれまでよりプロに近いところでサッカーに携わっていくことになったんだ。

◉川崎製鉄サッカー部――Ｊリーグ前夜

ぼくが川崎製鉄サッカー部へ移った時の監督は、エルシオ・ミネリ・デ・アビラといって、ミナス出身のブラジル人。その数年前にブラジルのクラブから川鉄へ選手として移ってきて、ちょうどぼくが行くタイミングで監督になったはずだ。そのほかに、ブラジル人選手が二人。ぼくと同時に呼ばれたゴールキーパーコーチはパウロ松本。ＳＳＳで一緒だった日系人で、彼はその後、江別のスクールで教えていた。

ぼくの役割は、彼らの通訳とチーム全体の主にフィジカル面を見るコーチ。これまで指導してきた子どもや高校生と違って社会人だから身体もだいたいでき上がっていたけど、ぼくは体育大学出身だからね。そこで学んだことを活かして、いろんなフィジカル・トレーニングのメニューを考えた。走るだけでも、ダッシュがあり、往復持久走《シャトルラン》があり、二人で競争してボールを追いかける短距離走《スプリント》があり……と、いろんなメニューを組み合わせる。ジャンプ力や瞬発力をつける練習もやるし、ウエイトトレーニングも見ていた。ボール・コントロールの技術練習もね。要するに、戦術以外は全部任されていたということ。

川崎製鉄サッカー部のコーチ時代。1992年頃、岡山県総合グラウンド陸上競技場にて。

　Jリーグの開幕を一年後に控えて――川鉄はまだ参加していなかったけど――日本のサッカーが変わっていこうとしていた時期だった。住友金属（現・鹿島アントラーズ）にジーコが入ったのをはじめ、南米やヨーロッパの選手がどんどんやってきて、プレーにスピードが求められるようになった。スピードを上げるためには、ボール・コントロールの技術も上げていかなきゃならない。

その時点でJリーグに行くことが決まっていたのは、住友金属、パナソニック（現・ガンバ大阪）、三菱自動車（現・浦和レッドダイアモンズ）、トヨタ（現・名古屋グランパス）など一〇チームだったけど、川鉄もJFL二部ではトップクラスにいて、選手たちも当然、プロになりたいと思っているから、チームのモチベーションは高かったよ。

プレーの内容も悪くはなかった。ちゃんとつなぐサッカーをやろうとしていた。だけど、コンビネーションはいまいち。たまにいいプレーも出るけど、いつも確実にできるわけじゃなかった。ブラジル人選手を使って組み立てようとするんだけど、コンビネーションがうまく行かないから、途中でパスが途切れてしまう。練習では面白い動きができても、ゲームの中ではアイデアが活かせなくて単調な攻撃になったりね。そのへんがチームの課題だった。相手の守備を切り崩すにしても、だれか一人の個人技に頼るんじゃなく、三人ぐらいで効果的にパスを回しながら切り崩していくような、連携の戦術を身につけることがね。

選手たちは川鉄の社員だから半日は仕事で、練習は午後から。試合は日曜日ごとに全国各地であったから、シーズン中は週末から月曜日にかけて遠征続きの生活だった。マネージャーもいたけど、そんなにスタッフの数がいるわけじゃない。ぼくも通訳とコーチをしながら、荷物を運んだり、氷を用意したり、いろいろやらなきゃいけない。結構大変だったよ。

だけど、これまでと違って大企業のチームだから、生活はずいぶん安定した。給料もいいし、車移動のガソリン代も出る。社宅も広くて、家族用の部屋を二世帯分使わせてもらった。何よりよかったのは、倉敷は暖かくて雪が降らないことだね。町もコンパクトで暮らしやすい。住んでいた水島のあたりは川鉄の工場や社宅・社員寮が集まっていて、川鉄の関係者ばかり。当時で三万人ぐらいいたかな。ゆったりしていて空気もいいし、海も近い。必要なものは全部近くでそろうし、自転車や徒歩で買い物に行ける。天国みたいだったよ。マリナもここではパートに出なくてよかった。ママさんバレーをやったりしながら、ゆったり子育てをしていた。

チームは、ぼくが来て二年目の一九九三年から郡晴己監督に代わり、ぼくは戦術も含めて全般を統括するヘッドコーチになった。毎日練習をして、週末は組まれた試合日程と移動をこなし、九二年のシーズンはJFL二部で三位、九三年は五位になった。まずまずの成績だ。休みの日にはのんびりと倉敷の町で過ごす。長い休みには、たまにブラジルへ帰る。そんなふうに二年ぐらいはゆったり余裕を持って生活を送ることができた。

ところが、二年目の終わりぐらいだったか、また次の展開を予感させるような新しい動きが出てきたんだ。

Jリーグ加盟への動きだった。

神戸にJリーグのチームを誘致する運動が盛り上がっている。川鉄は神戸が本社だから、それに合わせてサッカー部を神戸へ移すかもしれない、いや、解体されてなくなってしまうかもしれない……とか、いろんな話が聞こえてきた。Jリーグへの昇格を目指す動き自体はうれしいことだけど、そのために経営母体やチーム編成がどう変わるかというのがわからなかった。不安だったよ。

はっきりしたことがわかったのは、一九九四年の春。三年目のシーズンがはじまる直前だったと思う。結論はこうだった。

神戸にJリーグ入りを目指す新チームの運営会社ができる。名前は「神戸オレンジサッカークラブ」。メインスポンサーは神戸に本社のあるダイエー。選手は、川鉄のサッカー部がそのまま移行する。下部組織となるユース（一八歳以下の高校生世代。U-18）とジュニアユース（一五歳以下の中学生世代。U-15）には、神戸に古くからあるクラブチームの神戸FCを組み入れる。では、ぼくら監督・コーチ陣は――。

当時の川鉄サッカー部のスタッフは、郡監督、ヘッドコーチのぼく、アシスタントコーチが二人、キーパーコーチとトレーナーが各一人という体制だった。そして、言い渡された結論は、ぼく以外のスタッフが新しいトップチームへ移る、ということだった。ぼくはユースで育成をやれ、と。

思いもしない話に一瞬凍りついた。

川鉄での二年間で、ぼくなりに選手をレベルアップさせてきたつもりだったし、実際に成績も上がった。だけど、Jリーグを目指す新しいトップチームにぼくはいらないと言われた。そういうことだ。どういう理由かはわからない。おかしいなとは思ったけれど、運営会社の決めたことだ。仕方がない。納得はいかないけれど、とりあえずサッカーは続けられるみたいだ。だったら、従うしかない。文句を言って、サッカーができなくなったら元も子もない。

川崎製鉄サッカー部としての最終シーズン、ぼくが入って三年目の一九九四年は、八位に終わった。その時には、新チームの名称が「ヴィッセル神戸」になること、一九九五年の一月から神戸で始動することが決まっていた。ユース担当のぼくは、トップチームには同行せず、少し遅れて一月一七日に神戸へ来るよう言われた。三連休明けのその日に正式に契約を交わすから、と。後で知ったことだけど、トップチームも同じ日にはじめて練習する予定だったらしい。

そして、その日の朝五時四六分。神戸であの激震が起きた。

●コラム　マリナ松原さん1

移住の決断「後悔させたくなかった」

「わたしの両親はこの建物ができる前、母の話では一九二六年にブラジルへ渡っているんですよ。だからネルソンの家族より、移民としては古いの」

「この建物」とは、旧国立移民収容所。現在は神戸市立海外移住と文化の交流センターと改称され、ネルソンさんの妻のマリナさんが理事長を務める「関西ブラジル人コミュニティ（CBK）」の事務所もここにある。

収容所ができる前と言えば、神戸港に近い海岸通や栄町通に「移民宿」と呼ばれた旅館が建ち並んだ時代。移民たちはそこに泊まって旅支度を整え、船が出るのを待つ幾日かの間に神戸の街を目に焼きつけたのだろう。マリナさんは母から、まだアーケードがなかった元町商店街や、そこを西に抜けたところにある湊川神社へ行った話を、懐かしく楽しい思い出として、よく聞かされたという。

母は熊本県八代の出身。熊本からの移民も多く、一つの村がほぼまるごとブラジルへ渡ったところもあったそうだ。貧しい生活から抜け出すため。お金を稼いで家族へ仕送りするため。事情はさまざまでも、それぞれに夢や希望を抱いて新しい土地へ旅立ったはずだ。しかし、実際に行ってみると、仕事はあまりにも過酷で、住む家も満足になく、食べ物や習慣も違う。そんな環境で苦労を重ねたことで日本への望郷の念が強まり、日本文化を固く守る日系一世の価値観ができていったのではないか、とマリナさんは言う。

「日本にいた頃のいいことばかりを思い出し、その記憶がすごく輝いて見えたんじゃないでしょうか。わたしの母もそうだったけど、一世の親世代が『結婚は日系人とするように』と子どもに言い聞かせたのは、そういう思いからでしょう」

マリナさんが、日本へ留学中のネルソンさんと文通しているのを知って、母はとても喜んだという。

「わたしが返事を書かないでいると、『早く書きなさい』って急かして、母がその手紙を出しに行ったりしてましたよ。ネルソンが帰国した時に空港へ迎えに行ったのも、母が強く勧めたからなんです。服やバッグも新しく買ってくれてね。でも、あれは真夏だったでしょ。わたしは海で泳いで真っ黒に日焼けしていて、ネルソンからすれば、職場で会った時とはずいぶん印象が違ったんだと思う」

それから二人は付き合うようになり、マリナさんは同じ体育大学へ移ったが、ネルソンさんは休みがあればとにかくサッカー。ゆっくりデートした記憶はほとんどない。

結婚して一〇年近く経った頃、「サッカーのコーチをするために日本へ行きたい」と告げられた時はさすがに悩んだ。正直、行きたくない気持ちもあった。とりあえず二年という話だったが、両親に相談すると「一度行ったらもう帰って来なくなる」と心配された。「自分たちがそうだったからわかる。きっとそうなる」とマリナさんの父は言った。ブラジルへ移住した世代の実感がこもった言葉に、そのとおりかもしれないと思った。

「たぶん、わたしが行かないと言えば、ネルソンはブラジルに残ったでしょう。でも、わたしは一〇年後のことを考えたのね。一〇年経った時に、その決断は正しかったと思えるだろうか。あの時、日本へ行っていれば……と、ネルソンを後悔させるんじゃないかって。それだけは嫌だったんです」

札幌での最初の二年が終わる少し前、ブラジルに帰って三女を出産した時も、やはり同じ悩みにぶつかった。夫の次の仕事も決まり、娘たちを連れて日本に戻ろうとするマリナさんに、親や兄妹たちは問いかけた。「ほんとうにそれでいいの？　子どもたちもブラジル人なのに」。気持ちは揺れた。だが、ネルソンさんの意思は変わらなかった。「日本でサッカーを続けていく」と。マリナさんが日本で子どもたちを育てていこうと心に決めたのは、その言葉を聞いた時だったという。

（松本創）

第六章　傷つき、立ち上がる街で――神戸

◉震災のつめ跡深い神戸

想像以上にひどい光景が広がっていた。

倒れたり、崩れたりしたまま手つかずになっているビルや家。少しは片付いているけど、まだまだ山積みで放置され、ところどころ道をふさいでいる瓦礫。空気には、解体工事の粉塵と土ぼこりが混じり、いろんな物が焼けた後の煙や煤のようなにおいが強烈に漂っていて、道行く人たちはみんなマスクをつけていた。

神戸が大変なことになっているというのは、テレビで繰り返し見ていたから、ある程度は覚悟していた。だけど、実際に来て、街を歩いてみると、あの地震がどれほどのものだったか、あらためて思い知らされた。ブラジルでは大きな地震はなかったから、この目で被災地を見るまでは実感できなかったんだ。

一九九五年三月末。阪神・淡路大震災から二か月半ほど経って、ぼくは三年あまり暮らした岡山県の倉敷市を離れて、家族五人で神戸へやってきた。

車を運転して来たんだけど、どういうルートでたどり着いたかは、もう覚えていない。到着した日は、三宮のトアロードにあるホテルに泊まった。たしかガスがまだ復旧していなくて、シャワーが浴びられなかったと思う。夜、食事をしようと家族で入れる店を探したけど、開いている店がない。足元の瓦礫を避けながら歩き回って、やっと一軒だけ見つけた古い中華料理屋で食べた。そして翌日、長田区にあった川崎製鉄の社宅に引っ越したんだ。

神戸市の西部にある長田区は、被災地の中でも特に被害の大きかったところだ。JR新長田駅の周辺は、大火災でほとんどの建物が燃えてしまい、焼け野原になっていた。川鉄の社宅はそれより少し山側（北）の西代というところにあって、火事の被害はなかった。だけど、窓ガラスが割れたり、壁にヒビが入ったりしたみたいで、ぼくらが倉敷で待機していた間に、なんとか住める状態に会社が直してくれたということだった。

前に言ったとおり、ぼくはもともと、震災のあった一月一七日に神戸へ行くことになっていた。川鉄サッカー部が母体になって新しく発足したヴィッセル神戸と、その日にユースチームのコーチ契約を結ぶことになっていたんだ。だけど、とてもそんな状況じゃないということで延期になった。チームがJリーグ昇格を目指して戦うJFLの開幕は五月。四月にはユースチームが合宿に入ることが決まっていたから、それまでは倉敷にいるように、と。ひと足先に神戸へ移っていたトップチームも練習場所を求めて倉敷へ戻ってきた。ぼくは足止めされていた二か月あまりの間、彼らについて練習を手伝ったりしていた。

震災の影響で、新監督に決まっていたスチュアート・バクスター（前シーズンまでサンフレッチェ広島の監督を務めた）の来日が遅れ、予定されていた海外キャンプも中止、練習場所も満足にない状態だったけれど、チームの雰囲気はわりと明るかったと思う。行く末を気にしてもしょうがない、とにかく自分たちはいまやれることをやる——サッカーができることに感謝してＪＦＬ開幕に備える——しかないんだ。そんな空気だった。ぼくも基本的には同じだったよ。トップチームから外されて、少し複雑な気分ではあったけど。

だけど、その一方で、毎日テレビから流れてくる神戸の被害はひどいものだったし、チームにとって気になるうわさも耳に入ってきた。新チームの運営会社「神戸オレンジサッカークラブ」のメインスポンサーだったダイエー（資本金一〇億円のうち、グループ会社も含めて五〇パーセントを出資）が、震災の影響で経営から撤退するという話だった。そんなことになったら、発足したばかりのヴィッセル神戸はやっていけない。いきなり出足でつまずいてしまったら、自分たちはどうなるんだろう——。先行きを考えないわけにはいかなかった。ぼくらが考えてもどうにもならないんだけど、不安でジリジリするような毎日だったよ。

こんな時にサッカーなんてできるのか、いや、やっていいのかと考えてしまうことも正直あった。たくさんの人たちが大震災で家や仕事や家族を失い、きょう一日を生きるのに精一杯の中で、サッカーをやることにどんな意味があるのかって。グラウンドではだれもそんなこと口には出さないけど、同じような気持ちになった選手は多かったんじゃないかな。彼らはいよいよJリーグを目指してスタートを切るところだったから、余計にショックも大きかっただろう。

「やれることをやるしかない」と信じる気持ちと、「サッカーをやってもいいのか」という迷い。両方抱えて、ぼくは神戸に来たんだ。

家族はその時、長女のユカが中学二年生、次女のユミが小学六年生、三女のルマが小学校に入るところだった。西代の社宅近くにあった県立体育館やまわりの小中学校はしばらくの間、避難所になって、街には瓦礫の山や被災した家が残っていたけど、ぼくらはとりあえず住むところがあったし、近くのスーパーも開いていた。子どもたちの学校へも近かった。ただでさえ慣れない土地で、震災直後を過ごすことになった家族には不安や不便もあったと思うけれど、なんとか生活していくことはできた。それはマリナのおかげだったと思っている。

●ヴィッセル、混乱の船出

ヴィッセル神戸ユースの練習は四月のはじめ、淡路島での合宿からスタートした。メンバーは、神戸ＦＣ（一九七〇年に創設された日本初のアマチュアサッカークラブ）からそのまま移ってきた一五、六人ほど。年齢で言えば一五歳から一八歳。高校生だ。淡路島は大震災の震源地で、大きな被害を受けたところもあったけど、島の北東部の東浦町（現・淡路市）にある公共の合宿施設は無事で、そこにある野球場を使って一週間泊まり込みで練習した。まだ明石海峡大橋ができる前だからフェリーで渡ってね。

ユースの選手たちはだいたい神戸市内か、隣の芦屋、西宮といった阪神間に住んでいる子が多かった。全部激震地になったところだから、みんなあの震災を経験している。家族が亡くなったという子はいなかったはずだけど、家が被災したり、避難所で過ごしたりした子もいた。あんな時に一週間も家を離れるのは心配だったと思うよ。震災からまだ三か月も経っていない頃だし、次にいつまた大きな地震が来るかわからない。実際、ひどい余震が何度かあったしね。だけど、みんながんばって練習していた。地震の後、サッカーをやることに飢えていたのもあるんだろう、ボールを追うことに集中できていた。ぼくも、家族のことは気がかりだったけど、毎晩連絡を取って、まあなんとか乗り切った。

合宿が終わって神戸へ帰ると、通常の練習がはじまった。毎日学校が終わった夕方四時頃から集まるんだけど、これがまた大変でね。だって、まず練習場所がないんだ。

当時、ヴィッセルのホームグラウンドだった総合運動公園（神戸市西区。スタジアムは公園内のユニバー記念競技場）には芝のサブグラウンドがあったけど、そこはトップチームが使う。もう一つ土のグラウンドがあったけど、そこは自衛隊の救援活動の基地になった。ぼくらユースチームは公園の中をランニングしたり、未舗装の臨時駐車場や時にはアスファルトの上でボールを蹴ったりしていた。地面はガタガタ、日が暮れれば街灯の薄暗い明かりしかないけど、しょうがない。地下鉄で一駅行った名谷にある高校のグラウンドを半分貸してもらうこともあった。震災がなければ、もっとほかに使えるグラウンドもたくさんあったんだろうけど、ちょっと広いところになると、仮設住宅が建ったり、資材や何かの置き場になったりしていたからね。

場所を転々とするから道具も最小限にしなきゃいけない。ボールは各自の持っている物で間に合わせて、こっちはゼッケンとマーカー（目印に置く小型のコーン）を用意するぐらい。保管場所もないし、持ち運ぶにも人手がなかったからね。スタッフは、監督が神戸FCから来た加藤寛さん――彼のお父さんは神戸FCの生みの親で、彼も神戸FCで長く事務局長やヘッドコーチを務めていた――とぼく、それからボランティアのコーチが二人だけ。練習の時はたいてい加藤さんとぼく、ボランティアのどちらか一人の計三人だった。

しばらくすると、自衛隊が引き上げて土のグラウンドが使えるようになったけど、ここは夜真っ暗になるから照明が必要だった。荷台にライトを積んだトラックみたいな車を二台借りてきて、角度を調節しながらグラウンドを照らして、練習が終われば、また戻しに行く。

そういう状態が結局一年ぐらい続いたかな。まあとにかく、最初の頃はまともにサッカーができる環境じゃなかったよね。

だけど、仕方がない。ガマンしてやるしかない。状況が悪い理由ははっきりしていた。時間が経って、神戸が震災から立ち直っていけば、いずれぼくらの環境もよくなる。それまでの辛抱だと信じて、選手たちもみんながんばって練習していた。その気持ちは見ていてわかったね。ぼくも、辛抱だ、気合いだって、自分に何度も言い聞かせたよ。

街がこんな大変な時に、サッカーができているだけでもありがたいという気持ちも、もちろんあった。トップチームからぼくだけ外されたことはたしかに残念だったけれど、ぼくはブラジルや札幌で、小学生も中学生も高校生も見てきた経験がある。子どもたちの力を伸ばす喜びは知っていたし、そのためにどうすればいいか、指導者としての考えもあった。だから、ユースの選手たちと練習すること自体は何の問題もなかった。一緒にボールを蹴って、走っていれば、サッカーに集中して楽しむことができたんだ。

苦しい状況を耐えている間にうれしいこともあった。ブラジルに住んでいた経験のある神戸の女性が「被災地の子どもたちに思いっきりサッカーをさせてあげたい」と働きかけてくれて、震災の年の夏、ヴィッセルのジュニアユースのメンバーがサンパウロ州のカンピーナス市とサルト市に招待されたんだ。ジュニアユースのスタッフや加藤さんたちと一緒に、ぼくも引率した。二週間ほど滞在して、現地のクラブで練習しながら、いくつかのチームとゲームをやった。子どもたちは伸び伸びやっていたよ。翌年にはユースも招待され、交流は結局三年続いた。

ヴィッセル神戸ジュニアユースのブラジル親善訪問。1996年、アグア・デ・リンドイア市にて。

どんな状況でも、どんな環境でやれと言われても、サッカーができる限り、ぼくはやるしかない。それが、ぼくにとって「生きる」ということなんだ。大震災直後の神戸に放り込まれたからこそ、自分がサッカーをやる意味がはっきりわかった。いま振り返れば、そんな気がするよ。

ヴィッセル神戸の運営会社の問題は、ぼくが神戸に来るのと前後して、ダイエーが経営から撤退することが正式に発表された。ほかにいくつかあったスポンサーのうち、神戸市、伊藤ハム、川崎製鉄といったところが中心になって、その年の五月末に新しい運営会社ができ、七月には、神戸市が所有する西区の公園内に、トップチーム専用の練習グラウンドとクラブハウス「いぶきの森球技場」（現在使われている同名の練習場・クラブハウスとは異なる旧施設）が完成した。

スタート一年目のヴィッセル神戸は、立ち上がりでいきなり見舞われた震災と、その後のいろんな混乱が影響したんだろう、ＪＦＬで六位とふるわず、Ｊリーグ昇格を逃した。二年目の一九九六年は、前年のシーズン途中に移籍してきた永島昭浩がキャプテンになり、チュニジア代表だったジアードと二人のフォワードで活躍した。中盤には元デンマーク代表のミカエル・ラウドルップも入った。その年の秋、チームは準優勝を決め、念願の昇格を果たした。

もちろん、ぼくもうれしかったよ。Ｊリーグのチームになれば、いろんな意味で注目度も上がる。少しはユースの練習環境もよくなるかもしれない。クラブがもう少しお金をかけてくれるかもしれない。そう期待したんだ。

◉育成という仕事

念願のＪリーグに上がったものの、ヴィッセル神戸の主力選手は三〇歳代のベテランが中心で、プレーも外国人選手頼みのところがあった。まず昇格という目標を果たすためには仕方ない面があったかもしれないけど、常に上位で戦えるチームを作っていくには、若い世代のいい選手を見つけて自前で育てること、選手層を厚くしていくことが課題だった。つまり、スカウトと育成のシステムだ。育成は、ユースの監督兼育成部長だった加藤さんと、コーチであるぼくの仕事だった。

ただ、残念なことに、ヴィッセルが育成にかける予算やスタッフはとても十分とは言えなかった。はっきり言えば、経営サイドにそういう発想がほとんどなかった。そんな余裕がなかったのかもしれないけれど……。

ヴィッセル神戸ユースがはじめてセレクションを行ったのは、一年目のシーズンが終わった一九九五年の秋だったと思う。参加者は、次の年から高校に上がる中学三年生を中心に、五〇人ぐらいだったかな。少ないよね。だけど無理もない。だって、その時点ではまだJリーグに上がってもいない、発足一年目の新しいクラブだ。神戸以外での知名度は高くないし、トップチームにすごいスター選手がいたわけでもない。おまけに震災の影響で練習環境も満足にない。この先どうなっていくかもわからない。同じユースからJリーグを目指すんだったら、関西にはガンバ大阪やセレッソ大阪という有名クラブがある。どちらもちゃんとお金をかけて、育成のシステムと環境をしっかり整えていた。プロ選手を夢見る中高生がそっちへ行きたいと思うのはしょうがないよ。

それに何より、当時はまだクラブチームよりも、高校のサッカー部でプレーすることを選ぶ子のほうが圧倒的に多かった。兵庫県や大阪府にはサッカーの名門校がいくつもあるからね。中学で県選抜に入っていたようないい選手ほど、そっちへ流れていく。やっぱり全国で上位を狙える強いチームでプレーしたいからね。とりあえずは全国高校サッカー選手権を目指して、その先にJリーグ、それが無理ならJFLの社会人チームや大学のサッカー部へ進むという道が、当時はふつうだったんじゃないかな。クラブチームよりも学校の部活が優先されるのは、前にも言ったけど、日本の特徴だよね。

そういういろんな事情があって、あの頃のヴィッセル神戸ユースのセレクションには、正直なところ、その年代でトップクラスと言えるような選手はなかなか集まってこなかった。最初の年に採ったのは五〇人中一〇人ぐらいだったかな。それに加えて、ジュニアユース（中学生世代。U－15）から選ばれて上がってくる子たちと、神戸FCから来たユース一期生の中で、まだ一八歳未満だった子たちがいた。全部合わせて二十数人。現在のことは知らないけど、ぼくがいた当時のユースのメンバーはいつもだいたいそれぐらいだった。

ちなみに、震災直後の淡路島合宿に行った一期生の中からトップチームへ上がれたのは一人だけ。石川隆司という中盤やディフェンスをやる選手だったけど、サテライト（二軍）で終わってしまって、トップチームの試合には出られなかった。彼はいま、湘南ベルマーレでユースのコーチをやってるよ。そのほかに六人いた高校三年生は全員大学へ行って、サッカーを続けた子もいれば、やめた子もいる。

　ユースから上へ進めるかどうかは、基本的にトップチームの監督やコーチが決める。向こうが練習を見に来たり、トップチームの練習に参加させたりして、よければ次の年に入れてくれる。いまは知らないけど、あの当時、二十数人いるユースからトップへ上がれるのはせいぜい二、三人がいいところ。そこでなんとか残っても、さっき言ったようにサテライトで終わる場合だってある。まあ、プロになろうというんだから厳しい競争があるのは当然だけど、それにしても少ない。ユースがトップチームへ選手を送り込むまでのレベルになっていなかったということだ。まずは上のチームへ行ける選手をもっと増やす必要があった。

　もう一つ、チームづくりの課題だったのはスカウト。あの当時はまだチーム内にシステムがきちんとできていなかったんだ。いや、スカウトの担当者は当然いたんだけど、組織的にあんまり力がないように感じた。ぼくが直接タッチする仕事じゃなかったから、あまりくわしい事情はわからないけど、例えばこんなことがあった。

　日本代表にもなったフォワードで、播戸竜二という選手がいるよね。彼はその頃、姫路市にある琴丘高校でサッカーをやってたの。当時からすごく技術のある、いい選手だった。いろんな大会でその高校と当たると、いつもセンターフォワードの彼にやられてね。で、ぼくはスカウトに「あいつを採ったほうがいい」と言ったんだ。兵庫県の高校だから地元だしね。だけど、スカウトはなかなか動かない。何度か押したんだけど、ルートがなかったのか、お金がなかったのか、結局採れなかった。播戸はその後、ガンバ大阪に入って、何年か後にはヴィッセルに移籍してきたんだけどね（二〇〇二年から二〇〇五年まで在籍。その後、ふたたびガンバ大阪、セレッソ大阪を経て、現在はサガン鳥栖）。

日々、ユースの試合や大会に出て、いろんなチームと対戦していると、播戸のように光っている選手が地元でも時々見つかる。ぼくらは、彼らのことを高校一、二年生のうちから新人大会なんかで何度も目にしているから、成長ぶりや将来性もある程度わかるんだ。だから気になる選手がいれば、できるだけ早くスカウトに情報を伝えていたんだけど、ヴィッセルはなぜか動きが鈍くて、ほかのクラブや大学に取られてしまうということが多かった。それで、わざわざ県外へ選手を探しに行ったりしている。有望選手の情報や獲得方針がクラブ内でうまく共有されていないから、連携して動けない感じだったね。

結局、それは現場のスタッフというより、経営サイドの問題だったんじゃないのかな。有望な素材を見つけてきて、時間をかけて育てていくよりも、すでにでき上がった名前のある選手をお金を出して呼んでくるほうが簡単だし、お客さんも呼べるという考えがあったのかもしれない。そのことがすべて悪いと言ってるわけじゃないよ。Ｊリーグ昇格争いの頃に来たラウドルップ（一九九六から一九九七年シーズン途中まで在籍）とか、韓国代表のフォワードだった金度勲（一九九八年から一九九九年まで在籍）とか、彼らの技術や存在がチームにいい影響を与えた面もあったとは思う。だけど、それ以上に失敗も数多くあったよね。少し後の話になるけど、イルハン・マンスズという大失敗もあった。たった三試合に出て何億円だったたっけ？　あれには驚いた……というか、あきれるしかなかったね（二〇〇二年の日韓ワールドカップでトルコ代表として注目を浴びたイルハンは二〇〇四年、移籍金五億円、年俸三億五〇〇〇万円の二年契約でヴィッセル神戸に加入。しかし膝の故障により三試合しか出場せず、シーズン序盤の六月に無断で帰国。そのまま退団した）。

外から選手を取るなとは言わない。それも必要なことだとはわかっている。だけど、経営サイドが長い目で強化の方針を考えず、どこかから有名選手を引っ張ってくることばかり考えていたら、育成のシステムなんてできないよ。有名選手の獲得に高いお金を払っているせいで、育成に全然お金をかけられないし、自分たちの下部組織やほかの地元チームにどんな有望な選手がいても目を向けようとしなくなる。自分のところで育てた選手よりも、お金をかけて買った選手のほうが大事にされていくんだ。

それでも、ぼくの仕事は、できるだけいい選手を育ててトップチームに送り込むこと。素材があまりよくなかったとしても、なんとか上で通じるプレーができるように三年間かけて育てることだと思って、地道に指導を続けていた。

ヴィッセルに来て最初の二年間はユースでコーチをやって、一九九七年には監督になった。そして、その年のJユースカップ（Jリーグユース選手権大会。Jリーグ加盟クラブのユースの日本一決定戦）では、参加した一七チーム中で三位になった。準決勝で清水エスパルスに負けてしまったんだけどね。

だけど、震災の年にゼロからはじまった……アマチュアクラブの神戸FCから来たメンバーだけで立ち上げたチームが、わずか三年目でそこまで行けたことは大きな自信になった。ぼくらのやり方は間違っていない。育成がうまく実を結びつつあると手ごたえを感じたよ。

セレクションで採った選手が主力になる一九九八年からはもっと強くなる。これからが勝負だ、とぼくは思っていた。ところが……。

●突然の解任

監督二年目、一九九八年の秋だった。Jユースカップの試合を三日後に控えた日、強化部長から話があるということで、ぼくはクラブの事務所に呼ばれた。彼はその年によそのクラブから新しく移ってきた人だった。

いい話じゃなさそうな予感はあったけど、行ってみて驚いた。解任の通告だった。

理由はわからない。ただ、「来シーズンは若いスタッフに入れ替えるから契約を継続しない」と言われた。いままでぼくがしてきた仕事への評価なんか全然なく、一方的にクビを言い渡されたんだ。

わけがわからなかった。バカにしていると思った。だけど抵抗はしなかった。何も知らないこの強化部長に言っても無駄だろう。クラブの方針だと言われれば従うしかない。ただただ残念で、悲しかった。クラブが育成を大事にしていないことは日頃から感じていたけど、それにしても、前の年にユースカップで三位になったことは、もう少し評価してくれてもいいと思った。あの震災後、練習場所も道具もない、セレクションをやっても人が集まらない、いわば何もない状態から、必死でそこまで持ってきたんだということをね。

まだシーズン途中の、大事な試合を間近に控えた突然のクビ通告で、ぼくのモチベーションはすっかり下がってしまった。ゼロどころかマイナスになった。フィールドで戦っている人間が、現場を知らない経営サイドの勝手な方針変更に振り回される。まともに予算もかけてもらえず、それでも必死でやっている現場をサポートするどころか、さらに追い詰めるようなことをする。やっているほうはたまらないよ。サッカーを知らない人間が自分たちの都合だけで決めた方針や経営の論理を押し付けてくるやり方には、とても納得できなかった。

だけど、その一方で、クラブ経営なんてそんなもの、これがいまのJリーグの現実だ、という冷めた気持ちもあった。

ぼくがクビを通告されたその年のシーズン終了後、トップチームでも大幅なリストラが行なわれた。クラブ発足時から在籍していたゴールキーパーの石末竜治やディフェンダーの和田昌裕といったベテラン勢をはじめ、ユースから上がった石川隆司とか若手も合わせて十数人が一斉に解雇された。

あの頃、チームはなんとかJリーグにとどまってはいたけれど、成績も人気も低迷して、ずいぶん経営が苦しいのは知っていた。ダイエーが経営から撤退した後、神戸市が中心になってチームを運営していたんだけど、ダイエーに代わる大口のスポンサーが見つからなかったことが響いたようだった。母体になった川崎製鉄サッカー部からの選手は、もうほとんどだれも残っていなかった。一人だけユースに行ったぼくが、川鉄最後の生き残りだった。

同じ頃、ほかのクラブでも盛んにリストラが行われていた。横浜フリューゲルスが横浜マリノスに吸収されて、横浜F・マリノスになったのもその年だ。一九九三年のJリーグ開幕から六年。一時のブームが去って、リーグ全体が低迷していた時代だった。

ぼくにクビを言い渡した強化部長は、リストラをするために来た人だったのかもしれない。一、二年でヴィッセルを離れて、またどこかのクラブを回り、いまは九州のチームにいるらしい。あちこち渡り歩いて、そういう仕事をしている人は、サッカー界にはほかにもいる。

そして、ぼくたち現場の人間の知らないところで、物事を決めていく。

あまり思い出したくないことだけど、こうしてあの時のことを振り返ってみると、日本のプロスポーツというのは結局、「会社の論理」で動いているんだなあと思うよ。チーム強化も育成方針もスタッフの起用も、現場は関係なく、上のほうにいる人間の事情や人間関係で決まる。親会社の経営が好調だったらクラブも維持できるけど、ちょっと悪くなれば、すぐお金が削られ、選手やスタッフは切られてしまう。Jリーグは「地域密着」の理念を掲げているけど、プロのトップチームからユース、アマチュア、それにほかの競技まで含めた地域の総合スポーツクラブ――ブラジルにあるような形の――として独立するのは、日本ではなかなか難しいのかな。

結局、ぼくがヴィッセル神戸ユースに関わったのは、一九九五年春から一九九九年春までの四年間。前半二年がコーチ、後半二年が監督だった。ぼくが離れた年の冬、彼らはJユースカップで優勝した。レギュラーのうち七人は、ぼくがセレクションで選び、一年生の時から三年近くかけて指導した選手たちだった。

●夢の舞台がやってきた――二〇〇二年日韓W杯

ヴィッセル神戸を離れたぼくは、加藤さんの紹介で、彼の古巣である神戸FCのコーチになり、そこでまた、幼稚園児から小中学生、大人や女子チームまで、あらゆる世代の選手を指導することになった。加藤さんはヴィッセルに残ったんだけど、ぼくがサッカーの仕事を続けられるよう力を尽くしてくれたんだ。それにはとても感謝している。

そして、その間に忘れられないことがあった。サッカーをやってきてよかったと心から思えるできごとが。

それは、二〇〇二年の日韓ワールドカップだ。神戸も試合会場の一つになったこの大会は、ぼくのサッカー人生の中でも最高の経験の一つになった（二〇〇二年五月三一日から六月三〇日まで日本と韓国の各一〇か所、計二〇都市で六四試合が行われ、神戸では三試合が組まれた）。

世界中のサッカーをやっている人間にとって最高のあこがれの舞台、最大のイベントが、自分の住む街に来ることになったんだ。どんな形でもいいからそこに関わりたいと思ったぼくは、神戸のサッカー関係者に回ってきたボランティア募集にすぐ応募した。いろんな仕事があったけど、ぼくはチームエスコートをすることになった。各国の代表チームが神戸に入ってから、次の試合がある都市へ移動していくまでの間、練習場やホテルに同行して選手をサポートをする役目だ。

ぼくはまず、予選リーグF組でやってくるナイジェリアの担当になった。彼らは六月七日に神戸でスウェーデンと対戦することになっていた。

代表チームは試合の数日前に神戸に入って、軽い調整をしながら試合に備える。場所はヴィッセルの練習場のいぶきの森球技場だった。ぼくは初日にそこで合流し、その日から試合翌日までの数日間、彼らと一緒に動いた。練習の段取りをしたり、一緒にバスに乗ってホテルへ連れて行ったり、日本や神戸のことを教えたり。言葉は何語かわからないけど、簡単な英語が少し通じた。まあ、通訳はチームに同行している人がいるから問題ない。それより、選手がリラックスして試合に臨めるように、いろいろと気を配るのが仕事だった。

試合は、兵庫区に新しく完成したウイングスタジアム神戸（現在の名称はノエビアスタジアム神戸。二〇〇三年からヴィッセル神戸のホーム）で行われた。いいゲームだったよ。ナイジェリアはさすがに速くて、パワーもあった。ただちょっと不運もあってね。スウェーデンに先制したんだけど追いつかれ、後半にちょっとしたミスから失点して、そのまま逃げ切られてしまった。そして、その試合で予選リーグ敗退が決まってしまった。

すごいニュースがあったのは、その一週間後だ。ブラジルが予選リーグC組を一位で通過して、決勝トーナメントの一回戦を神戸でやることが決まったんだ。あのセレソンが、ぼくの住んでいる神戸にやってくる日が来るなんて……信じられなかったよ。

当初、ぼくに与えられた仕事はナイジェリアのチームエスコートだけだったけど、「ブラジルが来ればやるよ」と事務局の担当者には言っていた。すぐ連絡して「ブラジルのサポートもやりたい。やらせてほしい」と頼んだよ。だって、ポルトガル語も日本語も、サッカーのことも、ブラジルのことも神戸のこともわかっているぼくがやるほかないじゃないか。絶対にその役目は逃したくなかった。

ブラジル代表は、ぼくらブラジル人にとって、特にサッカーをやっていた人間にとっては、単なる「あこがれ」とか「目標」とかいう以上の、もっと大きな存在だ。まさに「英雄」なんだよ。白黒テレビに映るペレとガリンシャのコンビに夢中になった幼い頃。リベリーノのフェイントを一生懸命マネようとしていた一〇代の時。もっとサッカーをやりたいと思いながらジーコたちの「黄金のカルテット」を見ていたスイミングスクールの頃。四年に一度の大会が、その時どきの人生と重なって、記憶に刻まれているんだ。

神戸にブラジル代表が来ることが決まった時点では、対戦相手（H組二位）が日本になる可能性も残っていて、神戸はすごく盛り上がっていた。ぼくも面白いことになると思ったよ。だけど、日本が予選を一位で通過したので、対戦相手は結局ベルギーに決まった。試合は六月一七日夜にキックオフだった。

◉英雄たちと過ごした五日間

ブラジル代表は、試合三日前の一四日に新幹線で新神戸駅に着いた。ぼくはそこへ迎えに行き、バスでホテルへ移動するところから同行した。一行は選手だけで二十数人。監督やコーチ、トレーナー、役員や通訳まで入れたら四、五〇人ぐらいだったと思う。

到着した日に須磨区にある室内プールへ連れて行った。水の中でちょっと動いたり、プールサイドでストレッチをしたりして、身体をリラックスさせるためだ。練習は一五日がいぶきの森球技場、一六日は試合会場のウイングスタジアム神戸であった。あの時のメンバーと言えば、フォワードにエースのロナウドがいて、中盤にリバウド、ジュニーニョ・パウリスタ、それにまだ若手だったロナウジーニョたちがいた。ディフェンスには、カフーやロベルト・カルロス……。試合の出番はなかったけど、控えにカカもいた。まだ二〇歳ぐらいだったんじゃないかな。

練習といっても、大会の最中だから、そんなに激しく動いたりはしない。調整と最終確認だ。セットプレー、ポジションの取り方、守備のフォーメーシ

ブラジル代表のサッカー選手（当時）リバウドと。2002年日韓ワールドカップでの来日時に、神戸にて。

ヨン。そして、軽くミニゲームをやって。まあ、軽くとは言っても、時々さりげなく見せるボール・コントロールのテクニックはすごいものがあったけどね。

チームの雰囲気は明るかったよ。さすがに緊張感はあったけど、合間にちょこちょこ話をすると、みんなふつうのいい若者だった。あの時、ぼくは五〇歳だったから、考えてみれば、彼らは息子であってもおかしくない年代だよね。でも、そんなの関係なかった。サンパウロの空き地やクラブのグラウンドで、若手の選手や近所の上手い大人たちにあこがれてプレーを見ていた子どもの頃に戻ったような気分だったよ。


試合当日のウイングスタジアムは超満員（この試合の観客は約四万人）。キックオフの前、グラウンドの入口に立ってスタンドを眺めると、ブラジルのユニフォームと同じカナリア・イエローに染まっていた。すごい熱気だった。ぼくの国の代表、ぼくたちの英雄を、こんなにたくさんの日本の人びとが見に集まっている――。ちょうど三〇年前、サッカー留学で日本へやってきた頃を思うと、夢でも見ているような不思議な気持ちだったよ。ブラジルのサッカーがこれほど日本人を夢中にさせるなんて、あの頃にはとても考えられなかったから。

試合は、守備を固めたベルギーに最初は手こずったけれど、そのうちにブラジルらしい流れるような展開で切り崩していった。パスは速く、まるで生きているようにボールがつながる。個人のテクニックとチームプレーがかみ合ったすばらしい攻撃だった。キックオフからしばらく、ぼくはじゃまにならないよう更衣室のモニターで見ていたんだけど、生で見たい気持ちが抑えられなくなって、途中からグラウンドの入口に戻った。やっぱり、サッカーはフィールド全体を見渡して、芝の上の空気を感じながら見るのがいい。

一点目を取ったリバウドの素早い反応と鋭いシュート。それをアシストしたロナウジーニョの見事なクロス。何度もゴールに迫り、終了間際に二点目をもぎ取ったロナウドのプレー。それに、逆サイドやボールから離れたところで相手を引きつける選手たちの動き。どれもこれも最高のプレーだった。ベルギーをまったく寄せつけず、サッカー王国の力を見せてくれたクラッキたちは、ぼくらブラジル人の誇りだった。彼らのプレーが神戸に集まった日本人たちを沸かせている。それはぼくにとって、とてもうれしく、誇らしいことだった。

試合が終われば、選手たちはフリーになった。ぼくはスタッフに頼まれて、何人かを連れて神戸の街へ出た。ロナウド、ヴァンペッタ、エジミウソン、ジュニオール、ルイゾン。三宮にあるブラジル料理のレストランバーに行ったら、神戸に住むブラジル人たちが数時間前に終わったばかりのベルギー戦の勝利を祝ってお祭り騒ぎだった。そこへ当の主役たちが現れたんだから大変だ。英雄たちを称える歓声が起こり、話しかける人、写真を撮る人、踊り出す人……ものすごい熱狂に包まれた。そりゃそうだよね。

あんまりすごい騒ぎになったから、ビールを一杯だけ飲んで、「どこか別へ行こう」って、ほかのスタッフが選手たちを連れて行ってしまった。ロナウドたちはずっとニコニコして、リラックスしていたけどね。

次の日、ブラジル代表は新神戸から新幹線に乗って、準々決勝のイングランド戦がある浜松へ出発した。彼らを見送って、ぼくのチームエスコートの仕事は終わった。いろいろと気を使った分、さすがに疲れたけれど、ほんとうに心の底から楽しくて、ぼくの気持ちは満たされていた。

サッカーをやっていてよかった。つらいことがあっても、ボールを追いかけることをあきらめないで、ほんとうによかった。セレソンと過ごした五日間は、ぼくの人生の中で決して忘れられない、最高にしあわせな日々になった。

そして、二〇〇二年のワールドカップは、ブラジルの優勝（五回目）で幕を閉じた。

◉ブラジル・サッカーが日本にもたらしたもの

神戸FCで五年ほどコーチをした後、ぼくはまたヴィッセル神戸に戻ることになった。二〇〇四年のことだ。声をかけてくれたのは、やっぱり加藤さんだった。「新しいスクールをはじめるから、コーチとして戻らないか」って。彼は育成普及部長という立場になっていた。

ぼくがクビになってからもずっと苦しい経営状態が続いていたヴィッセル神戸は、その少し前、二〇〇三年のシーズン終了後にIT企業の楽天に譲渡され、そのグループ会社の「クリムゾンFC」がクラブを運営するようになっていた。新しく生まれ変わったヴィッセルに、ぼくは呼び戻されることになったわけだけど、今度の仕事は選手を育てるのではなくて、普及のためのスクールだった。

普及目的というのは、要するに、大人向けのスクールを開くことだった。子どものためのスクールならそれまでにもあったし、どこのクラブもやっていた。でも、それはやっぱり将来的に選手を目指す子を育てるという意味がある。だけど、大人はもう選手になれないから、サッカーをする目的が違ってくる。健康のためであったり、仲間を作るためであったり、子どもの頃にサッカーをやっていた人がもう一度楽しむためであったりね。

ぼくたち教える側から言えば、サッカーという文化の裾野を広げる意味があるんだ。本格的にサッカーをやっていない人でも、技術を覚えたり、戦術を理解したりできるようになれば、プロのゲームを見ても、いまよりもっと楽しめる。そうすれば、サッカー人気が広がるでしょ。Jリーグの発足や日韓ワールドカップみたいに大きなイベントがあると、サッカー人気はぐっと盛り上がるし、競技人口も増えるけれど、普段からJリーグの試合に足を運んだり、テレビで観戦したりする人は、一部の人気クラブを除けばまだまだ少ない。それを増やしていこうというのが新しいスクールの目的だった。

神戸市内の四か所――三か所のフットサルコートとヴィッセルが新しく作ったいぶきの森球技場――でスクールをはじめると、いろんな人が集まってきた。年齢は二〇代から五〇代、いちばん多い時で三五〇人ぐらいになったかな。そのうち四〇人ほどが女性だった。「若い時にやりたかったけど、できなかった」という、まったく未経験の人もいた。もちろん、それも大歓迎だ。曜日ごとに各教室を回りながら、一般の人にサッカーの楽しみを教えるのが、ぼくの新しい仕事になった。

そういう形で普及の仕事を数年やっているうち、今度は、ヴィッセル神戸のトップチームから通訳を頼まれて、兼任でやるようになった。二〇〇八年のことだ。

その頃になると、ヴィッセルには常に二、三人のブラジル人選手が在籍していた。ボッティ、レアンドロ、ポポ、アラン・バイーア……。ヴィッセルだけじゃない、J2も含めると、いまや一〇〇人ぐらいのブラジル人がJリーグでプレーしているんじゃないかな。ぼくがはじめて札幌に来た四〇年ぐらい前のJSLと比べれば一〇倍ぐらいになっている。まあ当時と違って、日系人はほとんどいないけどね。

それぐらい日本のサッカー界にブラジル・サッカーが浸透して、身近になってきたということなんだと思う。そして、ブラジル人選手たちのおかげで——いや、もちろん南米のほかの国、ヨーロッパやアフリカの選手もそうなんだけど——日本人選手たちは確実にレベルアップしている。ブラジル人選手が何か特別なことをやるわけじゃなく、ふつうにプレーしているだけでも、大きな刺激になっているはずなんだ。何度も繰り返すけど、やっぱりサッカーというのは、だれかに教えられるよりも、優れたプレーを見て、マネをして上手くなっていくものだからね。ぼくが子どもの頃、サンパウロでそうしていたように。そして、札幌大学に留学した時に、まわりの選手がぼくのプレーを見ていたようにね。

そうして、ぼくは二〇〇九年にはブラジル人選手をサポートする通訳専任になり、二〇一〇年にふたたびヴィッセル神戸を去るまで、その役目を務めた。

自分から辞めたわけじゃない。今回も、早い話がクビみたいなものだった。シーズンが終われば契約を更新するかどうか紙一枚で尋ねられて、そのうち契約が三か月単位になり、しかも給料は半分ぐらいに減らされる。最後には「続けたかったらアルバイトとして雇う。必要な時に呼ぶから」と言われたんだ。ぼくはもうサッカーの選手経験者でも、指導者でもない、いくらでも替えがきくただの通訳と見られていたようだった。

あの震災の直後、川崎製鉄サッカー部からユースの指導者として神戸へ移ってきて一五年。

ヴィッセル神戸は、まったくぼくの知らないクラブになっていた。

そこまでして、しがみつくつもりはもうなかった。ぼくは自分の信じる形でサッカーの仕事を続けていこうと決心した。ブラジルと日本、ふたつの国でボール追って生きてきた経験を、この神戸の人たちに伝えていくためにね。

●コラム　加藤寛さん

経験と見識ある指導者「ネルソンが教えればブラジル流になる」

「ヴィッセル神戸ユースのセレクションは、実は阪神・淡路大震災の直前に一度やってるんですよ。ネルソンはまだ岡山にいて不参加だったから知らないと思うけど」

船出したばかりのヴィッセル神戸で、ともに育成を手がけた加藤寛さんは振り返る。ネルソンさん不在の最初のセレクションをはっきり覚えているのは、ユースの面接を終え、選考書類を整理して床についた数時間後に、あの激震に見舞われたからだ。

「震災直後はほんとうに練習場所がなくてね。避難所になった学校にユースの選手を泊まり込ませて、物資運搬などのボランティアをやりながら、空いた時間にグラウンドで練習していたこともありましたね」

ネルソンさんも語るとおり、当時のヴィッセルは資金繰りが苦しく、震災の影響もあって、育成に力を入れる余裕はなかったという。そんな中、ブラジルに招かれ、遠征に行った時のことを加藤さんはよく覚えている。

「ネルソンは普段は寡黙で真面目な感じなんだけど、ブラジルへ行くと、ブラジル人に変わるんだね。舌がなめらかになり、ジョークを言っては空気を明るくする。気がつけば、スチュワーデスと仲良くしゃべってたりね」

ネルソンさんはその後、ヴィッセルを離れることになるが、彼にサッカーの仕事を用意したのは加藤さんだった。一度目は、ヴィッセルのスクールコーチに呼び戻し、二度目は一緒に「神戸スポーツアカデミー」を立ち上げた。

「もったいないと思ったんですよね。彼ほどいろんなスポーツの経験があって、見識もある指導者はそういない。誠実で、真面目で、人情もあって、古い日本人みたい。ぼくに言わせれば、まわりが彼の活かし方を知らないだけなんですよ。

「面白いのはね、彼が教えるのと、ぼくが教えるのとでは、生徒のサッカーも変わるんですよ。基本的に同じことをやるんだけど、ネルソンが教えると、ブラジル・サッカーのように、より個人技を生かしたプレーをするようになる。言葉じゃないんだね」

ブラジルのサッカーを伝える古い日本人。加藤さんの語るネルソン松原像である。

（松本創）

第七章

生きるためのサッカー——二つの国を生きて

●サッカーという文化を地域に広める

ぼくはいま、ふたつの仕事をしている。どちらもボランティアに近いけれど、自分が生きてきた道の延長線上にあって、経験したこと、学んだこと、考えたことを伝える大切な仕事だ。一つは、もちろんサッカー。もう一つは、日本で暮らすブラジル人をサポートすること。

サッカーの話からしよう。

ヴィッセル神戸を完全に離れたぼくは、二〇一〇年四月、仲間と一緒に「神戸スポーツアカデミー」を立ち上げた。大人のためのサッカースクールだ。

スクールの代表は加藤寛さん。ヴィッセル神戸ユースを、彼が監督、ぼくがコーチとして一から立ち上げた、一九九五年以来の付き合いだ。前にも話したけれど、彼は、お父さんが創設した神戸FCで若い頃からサッカーの指導をずっとやってきた。神戸FCのユースとジュニアユースがヴィッセル神戸の下部組織に入った時に、出向の形で一緒に移ったんだけど、その後、ヴィッセルに完全移籍して育成と普及の責任者になり、一時はトップチームの監督もやった。ユースの監督をクビになったぼくを呼び戻してくれて、大人向けスクールを一緒にはじめたのも彼だけど、最後にはクラブの方針と折り合わず、ヴィッセルを離れることになった。

神戸スポーツアカデミーのスタッフ。代表の加藤寛（中央）、コーチの上村克也（右）と。

加藤さんは神戸の震災の時、避難所になった学校で子どもたちのためのサッカー教室を開いていたことがある。前に話した、ジュニアユースの選手たちがブラジルへ招待された話は、それがきっかけになったんだ。選手の育成と指導、そして、サッカーという文化を地域に広めていくことについては、信念と情熱と、豊富な経験を持っている人だ。いまは神戸親和女子大学の教授になり、スポーツ指導者や女子サッカー選手の養成に取り組んでいる。

ぼくたちは自分たちの住む神戸で、プロをめざす少年たちだけじゃなく、大人も子どもも男女も関係なく、もっとサッカーを楽しめるような場所をつくりたいと思って――それは、まさにJリーグが掲げる「地域密着」の理念にも通じると思う――新しいスクールをはじめることにしたんだ。

といっても、資金もスポンサーも何もない。まず「サッカー教室をはじめます」と告知して、集まった人たちの会費で、神戸の六甲アイランドとハーバーランドにあった二か所のフットサールコートを借りるところからのスタートだった。スタッフは加藤さんとぼく、それに、ヴィッセルのスクールで教えていた上村克也君という若いコーチが加わって計三人。週二回、水曜と木曜の夜のみだけど、スタートから四年、口コミで少しずつ生徒は増えてきた。残念ながらハーバーランドのフットサルコートはなくなってしまって、六甲アイランド一か所だけになったけど、登録メンバーはいま六〇人ぐらい。やっぱり大人になってもサッカーをやりたい、新たにはじめたいという人は結構いるんだよね。夫婦や子連れで参加する人、テレビの日本代表戦や子どもが少年団でやっているのを見て自分も興味を持った人、六〇歳近くになってはじめた人。みんながそれぞれのペースで楽しくプレーしているよ。

大人のサッカー教室は、プロや強豪校でプレーすることを目指して、どんどんステップアップしていく子ども向けのスクールとは目的が違う。勝ち負けじゃなく、サッカーに親しみながら楽しく汗をかいてもらうのが目的だから、やり方も違ってくる。ミニゲームをやるにしても、男女や年齢に関係なく一緒にプレーする。だから、スライディングやタックルは禁止。ショルダーチャージもだめ。本格的にやりたい人には物足りないだろうけど、そういう激しい接触を禁止することで、逆に技術が磨かれることも実はある。

たとえば、女性がボールを持っているのを男性が取りに行くのは結構難しいよ。体を当てて奪いに行くのは禁止だから、純粋に足の技だけでやらなきゃいけない。パワーや勢いに物を言わせることができないんだ。逆に男性もちょっとボール・コントロールをミスすると、すぐ取られてしまう。狭いフットサルコートでは、小さなミスがすぐ失点につながるから、正確なテクニックを持って、素早い判断とパス回しができるかどうかが勝敗を決める。パワーや体力頼みで、蹴って走るだけのサッカーなんてつまらないじゃない。

これはまさに、ぼくがずっと言ってきたブラジル・サッカーの考え方でもある。ただ勝つだけじゃなく、フェアで、美しいサッカー。個人の技術とチームのコンビネーションで、パスをつなぐサッカー。それがものすごく高度に、世界トップレベルになったのが、ぼくが神戸のワールドカップで間近に見たセレソンのプレーだとも言えるよね。

サッカーに興味を持って、やってみたいと思えばいつでもできる場所がある。そして、いくつになっても、自分のペースで続けられる。そんな環境ができれば、日本のサッカー文化はもっと裾野が広がって豊かになる。そこから次の世代のJリーガーや日本代表が生まれてくれれば理想的だと思うんだ。もちろん、まだまだ遠い夢だけどね。

ぼくのイメージの中には、子どもの頃に見たサンパウロの記憶がある。空き地や地域のグラウンドや街なかのフットサルコートで、いつもだれかがボールを蹴っていた光景がね。

◉言葉の壁に泣いた娘

ぼくがそんなふうに理想のサッカーを追い求めてこられたのには、家族の支えがあった。三人の娘たちと、彼女たちを育ててくれたマリナがいたから、ぼくはボールを追いかけることに専念できたんだ。

いまから二六年前、マリナと長女のユカ、次女のユミは、ぼくの夢に付き合って日本に来た。札幌にいる間に三女のルマが生まれ、それから倉敷、震災後の神戸へと移った。はじめての国で、ようやく一つの街に慣れたと思ったら、また次へ。大変な思いをさせてきた。いちばん苦労させたのは、やっぱり最初の札幌だった。

一九八八年の二月、ブラジルから札幌サッカースクール（SSS）へ行くことになった時、いちばん心配だったのはユカのことだった。ちょうど小学校に入る直前の六歳。サンパウロで生まれ育ち、友達もできて、そのままブラジルにいれば何も問題はなかったはずだ。日系二世のぼくやマリナがそうだったように、家では日本食を食べ、たまに親や祖父母が話す日本のことを聞いてはいたけれど、幼い三世の彼女にすれば自分が日本人の血を引いているなんて意識したこともなかったと思う。日本語も当然わからない。それはマリナも同じ。自分の親が話すのを聞いて育ったから少しぐらいは理解できたけど、話すことはできなかった。

妻も娘たちも言葉で苦労するだろうな、と思った。だけど、子どもは覚えが早いから、ほんのちょっと時間をかければすぐに慣れるだろうと考えていたんだ。でも実際には、そんな簡単にはいかなかった。

ぼくらが札幌に着いたのは二月末。いちばん寒い時季だった。寒さと雪に慣れないまま、なんとかひと月を過ごすと、四月のはじめにユカの小学校の入学式だ。そこでいきなり、ユカはびっくりしてしまった。先生の言っていることが全然わからない。まわりの子どもたちの雰囲気や行動にも、まったくついていけない。式の間はなんとか頑張って耐えていたけど、教室に入って先生の話を聞いているうちに、こらえきれなくなって泣き出してしまったらしい。マリナがついていたんだけど、彼女も先生たちの言葉がほとんどわからず、日本の小学校のルールや常識も知らない。泣いている娘を見て、ほんとうにつらかったそうだ。

ユカはそれから毎日、泣いて帰ってきた。朝になると、学校に行きたくないと言って泣いた。一か月ぐらいマリナがついて登校して、教室で一緒に授業も受けていた。そういう状況を知ってはいたけど、ぼくはぼくで、新しい職場に来たばかりで気持ちに余裕がなかった。だから、娘がつらいのはわかっていても、あまり構ってやれなかった。早く時間が経って慣れてくれるのを待つばかりだった。

ただ一つだけ助かったのは、小学校の先生がずいぶんユカを気にかけてくれたことだ。当時の札幌には外国人の子どもはほとんどいない。その小学校にブラジル人の子が入るのもはじめてだったけど、すごくよくしてくれた。三〇代半ばぐらいの男の先生で、教室では言葉のわからないユカを近くに座らせて、授業中いろいろと面倒を見てくれたそうだ。休みの日も家に来て言葉や勉強を教えてくれたり、クラスの子どもたちと一緒に公園やドライブに連れ出してくれたりした。夏の夜にホタルを見に行ったり、遠くの遊園地に連れて行ってもらったこともある。

そんなふうに時間をかけて、じっくり向き合ってくれたおかげで、ユカはその先生を信頼するようになり、少しずつ日本語や小学校の生活に慣れていった。完全に慣れるまで一年ぐらいかかったかな。あれは学校全体でサポートする体制があったわけじゃなく、たぶん先生が個人的にしてくれていたことだと思う。ユカはたまたま、いい先生に当たったから恵まれていたけど、そうじゃなかったらもっと長くかかっただろうね。いま、愛知や静岡、三重や群馬、滋賀とか、出稼ぎで来たブラジル人がすごく増えているよね。いや、ブラジルだけじゃない、神戸にもペルー、フィリピン、ベトナム、中国、韓国……ニューカマーの外国人がたくさんいる。その子どもたちは十分に教育を受けられているんだろうか。ちょっと心配なところはある。

だけど、自分の子育てに関しては、ぼくもあまり大きなことは言えないんだ。いま言ったような娘の苦労も、ほとんどマリナから聞いたこと。きっと、ぼくの知らない話もたくさんあるはずだ。ユカはうちの父親に似たのか、もともとあまりしゃべる子じゃなかったし、最初のいちばん大変だった時期を過ぎると、ぼくの前では学校のことで泣いたりすることもなかったから、安心してしまっていた。

一つだけよく覚えていることがある。札幌に来て半年後の八月だった。その年は日本からブラジルへの移民八〇周年に当たっていて、札幌テレビがぼくと家族のことを取材して番組を作ったんだ。ＳＳＳのスクール生に「ネルソンコーチはどんな人？」ってインタビューしたり、「どんな物を食べてるの？」って、うちの食卓の風景を撮ったり、記者がサンパウロにいるぼくの親や兄弟に会いに行って、ビデオレターでメッセージを交換したりね。

札幌では有名な、面白いアナウンサーがインタビューしながらレポートするんだけど、ユカはマイクを向けられても、ほとんど何もしゃべれなかった。微笑んではいるんだけど言葉が出てこない。緊張というより、無意識にしゃべらない癖がついてしまったように見えた。そんな娘の姿がかわいそうで、申し訳なくて、胸が詰まった。

◉日本で子どもを育てるということ

ユカはその後、ぼくの仕事の都合で札幌で小学校を一回変わって、倉敷で小学校を卒業した。中学と高校は神戸の公立。それから慶応大学に行った。日本で小学校から大学まで通った、たぶんはじめての日系ブラジル人だよ。

卒業後は日本で就職・転職して何年か働いたけど、やっぱりいろいろと合わなかったみたいだ。「自分のやりたいことをやる」って、中国へ行って貿易会社をやった後、四年ほど前からはサンパウロに帰って事業をやっている。制服とかシャツだとかの工場を経営しているそうだよ。彼女のポルトガル語は、子どもの頃に覚えたのと、ぼくとマリナの家での会話を聞いていたぐらいだから、ビジネスの話をしたり、人を使ったりできるようなレベルになっているのかな……。ちょっと心配だけど、元気でやっているなら、まあそれでいい。

ぼくのおじいさんとお父さんが日本からブラジルへ渡って、ぼくはブラジルから日本へやって来て、ユカはまた日本からブラジルへ帰った。地球の反対側に分かれてぼくたちは住んでいるわけだけど、それはそれで構わないとぼくは思っている。どこで生きるかを選ぶのは本人。自分がいちばんやりやすいところでやればいいんだ。

次女のユミは、高校までユカと同じ学校。大学は立命館で、映画制作の勉強をしていた。三女のルマは、神戸の小中学校から姉二人と同じ高校へ行って、大学はユカと同じ慶応。で、映像制作を学んでいたから、これはユミと同じだ。

幼い頃から日本で育った下の二人には、ユカのように言葉の壁はあまりなかったと思うけど、また別の問題があった。「自分は何人なのか」というアイデンティティの問題がね。見た目は日本人だけど、生まれも国籍もブラジル人。でもブラジルの記憶はほとんどない。ずっと日本で育っているから、中身は日本人に近い。だけど両親はブラジルから来た日系二世で、家ではポルトガル語をしゃべり、ブラジル人のアイデンティティを持っている……。この複雑さをどう受け止めればいいのか、悩んだ時期が彼女たち二人にはあったみたいだ。そういうことをテーマにした映像作品をそれぞれに撮っていたよ。

著者の家族写真。前列左が長女ユカ。後列左から三女ルマ、妻マリナ、二女ユミ。

いまは二人とも神戸で働いている。彼女たちに対してもユカと同じことを思うよ。いちばん生きやすい場所で暮らせばいい。自由に、やりたい仕事をすればいいって。

スポーツは……どうかな。いちおう三人ともバレーボールやバスケットボールを部活でやっていたけど、あんまり関心ないんじゃないかな。少なくとも父親がサッカーをしていることに関しては、ほとんど興味なさそうだね。

ぼくとマリナは三人の子どもを育ててきたわけだけれど、日本で子どもを育てるのは、いい面と難しい面、両方ある。

いい面は、まず学校の教育レベルの高さ。これは、ブラジルで日系人の勤勉さや頭のよさが高く評価されていたり、日系人家庭がすごく教育熱心だったりするのと通じる部分だろう。それから、人間関係の礼儀とか社会のマナーとか、ルールや決まりごとがきっちりしている。規律正しいと言うの？　それと関係あるのかもしれないけど、治安のよさも利点だね。ブラジルに比べると、ずっといい。それから、地下鉄や電車、バスが発達していて便利なところ。ちゃんと時間どおりにやってきて、ほとんど遅れたりしないからね。まあ、日本のよい面を挙げていくと、やっぱり「ジャポネス・ガランチード」の話になる。

難しい面は、札幌大学のところでちょっと話したけど、人間関係の作り方かな。距離感がつかみづらいというのか、日本人どうしの関係の中に、外国人が入っていくのは簡単なことじゃない。日本人は、みんな同じようにすることを求める。見た目が違ったり、文化や習慣が違ったり、ちょっと違うことをする人に対して冷たい気がする。考えてみれば、ぼくの親世代の日系人社会も似たようなところがあったかもしれない。

ユカは最初、日本で大企業に勤めたんだけど、会社の上司との関係があまり好きじゃなくて辞めたし、ユミやルマが「自分は日本人かブラジル人か」と悩んだ原因には、いじめや仲間外れとか、それに近いこともあったみたいだ。顔は日本人なのに国籍が違う。名前が違う。生活習慣や食べている物が違う。親は外国人で、外国語をしゃべっている――。そういう小さなことがきっかけになって、日本では仲間外れやいじめが起こる。ブラジルじゃ、そういうことはない。ブラジル人が全員そうとは言わないけど、もっと心が広いし、知らない人にも親切で温かい。いろんな人種が住んでいる多民族国家だからなんだろうね。

「ジャポネス・ガランチード」には悪い意味もあると言ったよね。みんな同じにしないといけない、そうじゃないと安心できないという意識は、まさにそれだと思う。サッカーにも、それが影響しているかもしれない。ゴール前が苦手とか、自由な発想のプレーが少ないとか、相手をだましたり、裏をかいたりするパスが出にくいとかいったところにね。

日本がいいか悪いか――。ひと言ではなかなか言えないけど、ぼくがサッカーを仕事にして、家族と一緒に暮らしていくには、この国が条件に合っていた。そういうことだろうね。

◉ほんとうに必要な「おもてなし」

ぼくのもう一つの仕事は、日本に住むブラジル人のサポート。これは「関西ブラジル人コミュニティ（Comunidade Brasileira de Kansai＝CBK）」というNPOが拠点になっている。二〇〇一年二月に設立された組織で、理事長はマリナ。ぼくはスタッフの一員だ。ここは、マリナが日本で三人の子どもたちを育ててきた経験から生まれたんだ。

娘たちの子育てがちょっと一段落した一五年ぐらい前、マリナはブラジル人の子どもたちが多い神戸の小学校へ行って、ポルトガル語や日本語を教えたり、学校の勉強を見てやったり、子どもたちの話を聞いて一緒に遊んだりというボランティアをはじめた。最初はたった一人からだ。それがいま、こういう形になった。

ここでやっているのは、まず子どもたち向けのポルトガル語教室。簡単な日本語会話や学校の勉強もサポートするし、両方の国の生活習慣やルール、遊びや文化も教える。日本で暮らすにも、ブラジルへ帰ったとしても、まず必要なのは言葉。それから、その社会の考え方や習慣を理解することだからね。神戸や阪神間に住んでいるブラジル人の小学生や中学生が四〇人ぐらい、週に一回通ってきている。

ぼくは事務局のスタッフで、いまは直接教えてはいないんだけど、顔を合わせる子にはいつも言っている。「学校には行けよ」「勉強はやめるなよ」って。高校には必ず行くべきだ。どこでもいいから、できれば夜間じゃなく、昼間の学校に。そして、行けるなら大学まで行ったほうがいい。絶対に将来のためになるからって。

まるで、ぼくの親が言っていたのと同じだね。日本に来たぼくたちは、ブラジルへ渡った世代の日本人たちがやったことを繰り返しているみたいだ。祖国の言葉や文化を教えるのもそう。「自分たちの国の文化を受け継いでほしい」「いつか帰るかもしれないんだから」って、親が家庭で教育したり、日本語学校に通わせたりしたみたいにね。

神戸港から最初のブラジル移民が出発した4月28日を記念して開催される移民祭。海外移住と文化の交流センターの前で参加者を先導する著者。2014年。（撮影＝松本創）

ぼくがそういうことを繰り返し言うのは、ここに来る子どもたちの中には、高校に行くのを最初からあきらめている子も多いからなんだ。中学を出たら働くと言ってね。親もそうだったし、同じようにしろと言われているって。

日本の学校になじめなくて、行かなくなった子もいる。最初は言葉の問題からつまづくんだ。先生の言ってることがわからない。すると、授業にも当然ついていけない。うちのユカと同じだ。ユカの場合は先生に恵まれたから助かったけど、あの頃よりずっと外国人の数が増えたいまは、そこまで一人ひとりに時間をかけてくれない。先生一人でフォローするにも限界がある。それで結局、どうにもできず、放ったらかしだ。外国人で、学校にもなじめないとなれば、今度はいじめの問題が起きてくる。ますます学校に行きたくなくなる。

親にも問題があってね。勉強させないといけないという意識がないんだ。自分たちはお金を稼ぎに来ているだけだから、とりあえず仕事ができればいい。給料のいい仕事があれば、そっちへ移る。仕事がなくなればブラジルへ帰るかもしれない。そんな考えで一〇年、一五年、日本で暮らしている人たちもいる。自分たちはいいよ。だけど、その間に成長していく子どもはどうすればいい？

ある女の子がそうだった。中学生なのに学校に行ってない。最初は少し行っていたけど、親は仕事で昼間家にいないから、学校が終わればすぐに帰って、ご飯を作ったり、家の用事をやらなきゃいけない。弟を保育園に迎えに行くのも彼女の仕事。そうすると、なかなか友達もできないし、クラスにもなじめない。でも親は、別に学校なんか行かなくても問題ないと考えている。教育を受けさせる気が最初からないんだ。

一度、彼女が質問してきたことがあった。「ここ（CBK）に来ているみんなは、わたしと同じような家ですか」って。彼女は、自分の環境に問題があることをわかっていた。学校に行くのがふつうで、自分もできれば行きたいと思っていた。だけど、学校も親も助けてやらない。彼女には居場所がなかったんだ。週に一回だけ、ここには来ていたけれど、いまはもう来なくなった。それは大人の責任だ。

別の子は「学校に来たくないなら、無理に来なくてもいい」と先生に言われたそうだよ。それって、子どもの考えを尊重しているみたいに聞こえるけど、責任を放棄しているよね。なんとか学校に来られるようにするのが先生の仕事でしょ。勉強をやる気のある子や、できる子にだけ教えるんだったら簡単だ。サッカーも同じ。みんなが上手だったら教えなくていい。あまりうまくいかないから、どうすればうまくいくかを考えて練習させるんだ。水泳もそう。泳げないから教える。水を怖がるから、どうしたら顔を浸けられるようになるか、一生懸命方法を考える。それが指導というもの。指導者の仕事なんだよ。

こういう子どもたちの問題は、ただ単に教育の制度やシステムだけの話じゃない。もっと大きな、日本の社会全体の問題から生まれていると、ぼくは思う。

一九九〇年代から、出稼ぎでやってくる外国人がすごく増えた。彼らは建設作業員や工場労働者としてすごく不安定な契約を結んで、安い給料で働いている。企業の都合で、忙しくなれば集められ、景気が悪くなればすぐ切られる。日本にいるブラジル人は、二〇〇八年のリーマン・ショックで大きく減り、二〇一一年の東日本大震災でさらに減った。それで今度は東京オリンピックがあるから人手がいるというので、また呼び戻されて増えてきている。

関西だと、東京オリンピックや東北の地震の復興はあまり関係ないけど、やっぱり雇用条件は悪くなったと、いろんなところで聞く。コンビニの弁当を作る工場でも、機械の部品工場でも、一年契約というのがなくて、三か月単位の契約も当たり前になっている。雇うのは、いま必要な時だけ。契約が終われば、あとは知らん顔だ。

それでよく「おもてなし」だなんて（東京オリンピックの招致活動で）言えるよね。オリンピックを見に来る人より、働きに来ている人を「おもてなし」しないといけない。人間をもっと人間として扱わないといけない。いまの日本の企業や社会は、ちょっとおかしいよ。

CBKでは、子どもだけじゃなく、ブラジル人の親向けにも、講習会を開いたり、子どもの教育について相談を受けたりしている。弁護士の紹介や、役所の手続きを手伝ったりもする。それから、いろんなところに通訳として呼ばれる。病院、学校、役所の窓口、時には、裁判や警察の取り調べ。そんなふうにさまざまなところで彼らの生活や職場の話を見たり聞いたりしていると、とても教育にまで気が回らないのも、わかるような気もする。だけど、やっぱり将来のことを考えたら、子どもたちは学校に行かなくちゃいけない。大人は学校に通える環境を作ってやらないといけない。

◉最後に——移民の旅立ちの地で

神戸のJR元町駅から鯉川筋の坂道を一五分ぐらい登って行くと、突き当たりに古い洋館風のビルが建っている。「神戸市立海外移住と文化の交流センター」だ。三階にCBKの事務所がある。窓から遠くに見下ろす港に船が出入りするたび、汽笛が風に乗ってはっきりと聞こえてくるこの部屋に、ぼくは毎日通っている。

一九二八年三月に完成した当時、ビルは「国立移民収容所」という名前だった。その後、神戸移住教養所、神戸移住センターと名前を変えたけれど、一九七一年に閉鎖されるまで、その目的は変わらなかった。

ここは、ブラジルをはじめ南米への移住を目指して日本中から集まってきた人たちが、旅立つ前の最後の一週間あまりを過ごす場所だった。長い船旅に慣らすために、ビルは甲板を持つ船のような形に作られて、廊下や階段も船の内装をイメージしているらしい。移民の家族たちはここに泊まり込んで、ポルトガル語の講習やキリスト教の講話を聞き、ブラジルでの仕事や暮らしについて説明を受け、近くの店で作業着や生活用品を買って荷造りしたり、予防注射を受けたりしながら出発の日を待った。

そうして、いよいよ船が出る日になると、坂道を下って神戸港へ向かう。たくさんの見送りの声や子どもたちの歌に送られて、どんどん陸を離れていく船の上で、彼らの目に映った最後の風景は、神戸の背景に横たわる六甲の山並みだったそうだ。センターで上映されているビデオで、日系一世の人が語っていたよ。「わたしたちの日本の最後のすみかは神戸だった」って。彼らにとって、神戸は特別な思いを寄せる街なんだ。

ぼくはいま、その神戸に住み、マリナやほかの日系人のスタッフと一緒に、移民の歴史が染みついたこの建物で仕事をしている。

遠い日本にやって来たブラジル人とその子どもたちが、社会の一員として、不自由なく働き、学んでいけるようにサポートすること。祖国の言葉や文化を忘れず、ブラジル人として誇りを持って生きていけるようにすること。ブラジル人どうしが交流し、日本人にはぼくたちの国や日系人の歩みを知ってもらう場を作ること。そのために、ブラジルの文化を紹介するさまざまなイベントや展示を行なっている。

四月には毎年、移民祭を開く。日本人移民がはじめてブラジルへ旅立ってから、今年で一〇六年になる歴史を振り返り、語り継いでいくためだ（第一回ブラジル移民の七八一人は一九〇八年四月二八日、笠戸丸で神戸港を出港した）。

センターで移民の船旅や向こうでの生活を記録したフィルムを上映し、日本で暮らす日系人の子どもたちに作文を発表してもらう。四世、五世の彼らは作文を書くため、自分のルーツについて親から聞く。そんな話をじっくり聞くのは、はじめてという子もいるだろう。

それが終わると、参加者みんなでセンターを出発し、坂道をまっすぐに下って神戸港へ歩く。JR元町駅を過ぎ、旧外国人居留地のわきを抜け、海岸通を渡ってメリケンパークにたどり着くと、記念碑が建っている。ここが移民の旅立ちの地であったことを伝える「希望の船出」という彫刻。親子三人の像だ。子どもが指さす先に、ブラジルがある。彼らの描いた「希望」を想像しながら、ぼくらは港をめぐる船に乗る。

ぼくのおじいさんが八二年前、妻と五人の子どもを連れて、リオデジャネイロ丸に乗ったのも四月のことだった。北海道から神戸へ来て、この建物で寝泊りしている間、みんなどんな気持ちでいたんだろう――。考えていると、とても不思議な気持ちになる。日本人の血をほとんど意識しないままブラジルで育ち、ただ夢中でサッカーボールを蹴り続けてきた自分が、気がついてみれば、祖父や父の歩んだ道をたどり直していることに。

鳥取から北海道、そこから神戸を経てサンパウロへ渡ったひいおじいさんやおじいさん。そこで出会って家庭を築き、ぼくらを育ててくれたお父さんとお母さん。そして、サンパウロから北海道、倉敷を経て神戸へたどり着いたぼく。

松原家の「旅」を、ぼくはいまも続けているのかもしれない。サッカーと出会わなければ、けっしてはじまらなかった旅を。

そう、転がるボールを追いかけて。

サッカーは、だから、ぼくにとって人生そのものなんだ。(了)

◉コラム　マリナ松原さん2

娘の言葉に支えられ、母は強くなった

子どもの頃から母の日本語を聞き、日本の映画もよく見ていたマリナさんは、「自分は日本のことは結構知っている。言葉も少しならしゃべれる」と思っていたという。だが、来てみたら、まったくわからない。幼い頃に聞き覚えた母の言葉は、熊本弁にポルトガル語もずいぶん混じった、いわゆる「コロニア語」だった。街の様子も、頭の中にあった日本と全然違う。北海道の二月末だ。経験したことのない極寒と豪雪に耐えて一日一日を過ごしていくだけで大変だった。

何より思い出すのは娘たち、特に、ちょうど小学校へ入るところだった長女のこと。四月に入ってまもなく入学式があったが、マリナさんは入学式というものがあることすら直前まで知らず、娘の服はなんとか借り物で間に合わせて出席した。

「式が終わって教室に入ると、娘の席は最前列、先生のすぐ目の前でした。そこに座って先生の話をじっと聞く背中を、わたしは教室の後ろから見ていたんです。飛び交う言葉は日本語ばかりで、何を話しているかは理解できません。だけど、それ以上に娘は訳がわからず、心の中でずっと耐えていたんでしょう。とうとうこらえきれなくなって、突然、先生から顔をそむけて泣き出したんです。気持ちがぷっつり切れたように、声を上げて。あの時はもう……娘を連れて、どこかへ逃げてしまいたかった」

マリナさんはそれから五月の半ばぐらいまで娘と一緒に登校し、授業も受けた。だが、それで完全に慣れたわけではない。朝になると、娘はたびたび熱を出した。そのうち言葉が出なくなった。日本語だけではなく、ふつうにしゃべっていたポルトガル語まで。

「はじめて札幌へ来た時は……つらかったですね」

その話をするといまでも涙が出てしまう、とマリナさんは声を詰まらせた。

「しゃべることが怖くなったんでしょう。ほんとうに必要最低限しか声を出さない時期がありました。だけど、彼女がもともと無口なほうだったのもあって、病院やカウンセリングに連れて行くまで考えが回らなかった。気づいてあげられなかったんです」

娘が持ち帰るプリントが読めないのも問題だった。ある日、帰って来た娘が言う。「今日は図工があって、みんなトイレットペーパーの芯を持って来てたよ。ユカだけなかった」。それを聞いて、ああ、あのプリントはその連絡だったのか、とようやくわかる。そんな状態だった。担任教師の親身な指導もあり、一年経つ頃にはなんとか慣れていったが、あの頃の娘の気持ちを思うと、いまも胸が痛む。後でわかったのだが、いじめに近いようなこともあったらしい。

神戸へ来て子育てが少し一段落した時、ブラジル人の子どもたちをサポートするボランティアをはじめたのは、そのつらさが身にしみてわかるからだ。最初は、友達の紹介で大阪の豊中にある小学校へ。次に神戸にも手助けが必要な学校があるはずだと考え、教育委員会に問い合わせると、すぐに日系ブラジル人の子どもが多い小学校を紹介され、通うようになった。さらに隣の明石でポルトガル語教室を開くようになり――二〇〇一年にNPO法人として発足したCBKには、そんな前史がある。

一人でボランティアをはじめた頃、マリナさんは日本へ来て約一〇年。日本語は問題なく話せるようになっていたが、漢字の読み書きはほとんどできなかった。

「やっていけるかなと不安だった時に、いちばん支えてくれたのが、高校生になっていた長女でした。『読み書きなんかできなくても、お母さんにしかできないことが絶対あるから』って。あれだけつらい思いをさせた娘に背中を押されて、わたしはなんとかいままでやってこられた。そう思っています」

そんな妻の活動を支えるのが、いまのネルソンさんのもう一つの仕事だ。

（松本創）

関連年表

年	ネルソン松原個人史	日伯（サッカー）交流史	ワールドカップ史
一九〇八年		最初のブラジル移民が笠戸丸によって渡伯。	
一九一六年		サンパウロでジャポンFCが公式戦を戦う。	
一九三二年	祖父・松原緑、祖母・とめら家族七人が神戸港よりサントスへ移住。		
一九四八年	父・千秋、母・花子結婚。		
一九五〇年			ブラジル大会（優勝国＝ウルグアイ、得点王＝アデミール［ブラジル］）。ブラジル代表のペレが当時最年少デビュー。
一九五一年	ネルソン松原、ブラジルパラナ州ロンドリーナにて二男として誕生。	トチオ・ウエタ、コリンチャンスと契約し日系ブラジル人として初のプロ・サッカー選手に。	
一九五三年	サンパウロ市ピニェイロス地区に転居。小学校時代は柔道の道場に通う。		
一九五四年			スイス大会（優勝国＝旧西ドイツ、得点王＝コチェシュ［ハンガリー］）。
一九五七年		サンパウロで第一回日系人サッカートーナメント開催。トウキョウ、ヤマダ、モシダージなどのクラブが参加。	
一九五八年			スウェーデン大会（優勝国＝ブラジル、得点王＝フォンテーヌ［フランス］）。

一九六二年			チリ大会（優勝国＝ブラジル、得点王＝ガリンシャ［ブラジル］、ババ［ブラジル］、サンチェス［チリ］、イェルコヴィッチ［旧ユーゴ］、イワノフ［旧ソ連］、フローリアーン［ハンガリー］）。
一九六四年	日系人クラブ・ピラチニンガに入会。サッカーだけでなくバレーボール、卓球、水泳などに親しむ。また学校や日系人クラブの友人とフットサルを楽しむ。	セルジオ越後、コリンチャンスに入団。	
一九六五年		日本サッカーリーグ（JSL）成立。	
一九六六年			イングランド大会（優勝国＝イングランド、得点王＝エウゼビオ［ポルトガル］）。出場枠をめぐりアフリカ諸国による予選ボイコット。
一九六七年	サンパウロFCの個人会員となる。	アレシャンドレ・デ・カルヴァーリョ・カネコ、サントスと契約。のちに「サイケなハンカチ（レンソウ・プシコデリコ）」と呼ばれるヒールリフトで有名に。同年、ネルソン吉村、JSL初の日系ブラジル人選手としてヤンマー（現セレッソ大阪）入団。	
一九六八年	プロテストを受けるチャンスを得るも家族の反対で断念。	アデミール・ウエタ、「シナ」の登録名でブラジル代表としてメキシコ五輪出場。	

年	ネルソン松原個人史	日伯（サッカー）交流史	ワールドカップ史
一九七〇年		ネルソン吉村が日本国籍取得、吉村大志郎の名で日本代表に選出。	メキシコ大会（優勝国＝ブラジル、得点王＝ミュラー〔旧西ドイツ〕）。ブラジル三度目の優勝によりジュール・リメ杯永久保持権を取得。
一九七一年		ジョージ小林、ヤンマー入団。	
一九七二年	サント・アンドレ体育大学入学。在学中に公務員試験を受け合格。午後は保健所勤務、夜間は銀行で働きながら大学に通う。サッカーはモシダージなどの日系人チームで週末にプレーする生活。	ジョージ与那城、読売クラブ（現東京ヴェルディ）入団（一九八五年に日本国籍取得）。	
一九七三年	ブラジルの邦字紙「日伯毎日新聞」の広告を見た母親に勧められ札幌大学にサッカー留学。柴田勗監督の下で同年大学選手権に出場し、初の一勝をあげベスト8進出に貢献。	セルジオ越後、藤和不動産（現ベルマーレ平塚）入団。	
一九七四年	札幌大学は大学選手権で二年連続ベスト8進出、天皇杯でもベスト16進出を果たすが、日立製作所（現柏レイソル）に〇対九の大差で敗退。この頃、柴田勗の提案によりセルジオ越後、ジョージ与那城らとフットサルを伝道する活動に従事。日本初となる「サロンフットボール」（フットサル）ルールブックの翻訳（ポルトガル語→日本語）も行う。夏、ブラジルに移民した祖父の故郷、北海道江別をたずねる。	パラナ州で日系の有力クラブ、ソシエダージ・エスポルチーヴァ・マツバラ設立。	西ドイツ大会（優勝国＝旧西ドイツ、得点王＝ラトー〔ポーランド〕）。オランダ、クライフを中心とする「トータル・フットボール」で決勝まで勝ち進む。

一九七五年	留学を終え帰国。後にブラジルのサッカーリーグで活躍する水島武蔵の渡伯を手伝う。フットサルのブラジル大学選手権に出場し四得点をマーク。	後にブラジル代表監督となるテレ・サンターナと柴田勗により札幌大学サッカー留学生のセレクションが行われ、後年フットサル日本代表監督となるアデマール・ペレイラ・マリーニョが選抜される。	
一九七七年	サント・アンドレ体育大学卒業、ブラジル文部省・体育指導者資格を獲得。在学中から続けていたスイミングスクールのコーチに加え、YMCAでの水泳コーチ業に就く。	ラモス・ルイ、ジョージ与那城にスカウトされ読売クラブ入団（一九八九年に日本国籍取得、ラモス瑠偉に）。	
一九七八年	マリナ・アキズキと結婚。		アルゼンチン大会（優勝国＝アルゼンチン、得点王＝ケンペス［アルゼンチン］）。軍事政権下での政情不安のなか開催。
一九八一年	長女ユカ誕生。		
一九八二年		三浦知良が一五歳でブラジルへ渡る。	スペイン大会（優勝国＝イタリア、得点王＝ロッシ［イタリア］）。ブラジル、テレ・サンターナ監督の下でトニーニョ・セレーゾ、ソクラテス、ファルカン、ジーコの中盤「黄金のカルテット」が話題を呼んだ。
一九八三年	次女ユミ誕生。		
一九八五年		宗像マルコス、渋谷幕張高校サッカー部監督就任。サンドロ・チャベス・デ・アシス・ロサや、マルクス・トゥーリオ・ユージ・ムルザニ・タナカらを育てる（トゥーリオは二〇〇三年に日本国籍取得、田中マルクス闘莉王に。U－23日本代表に選出、二〇〇六年A代表選出）。	

年	ネルソン松原個人史	日伯（サッカー）交流史	ワールドカップ史
一九八六年			メキシコ大会（優勝国＝アルゼンチン、得点王＝リネカー［イングランド］）。アルゼンチン代表のマラドーナがイングランド戦で「神の手」ゴール。
一九八七年		ロペス・ワグナー、日産自動車に入団（一九九七年に日本国籍取得、呂比須ワグナーに。日本代表に選出）。	
一九八八年	札幌サッカースクール（SSS）のコーチとして家族とともに再来日。元日本代表の山瀬功治らを指導する。		
一九八九年	三女ルマ誕生。		
一九九〇年	札幌第一高校サッカー部コーチに就任。元セレッソ大阪の山橋貴史らを指導する。		イタリア大会（優勝国＝旧西ドイツ、得点王＝スキラッチ［イタリア］）。旧西ドイツ監督ベッケンバウアー、選手時代に続き監督としてもW杯優勝を果たす。
一九九二年	川崎製鉄サッカー部のコーチ就任。岡山県倉敷市に転居。		
一九九三年		Jリーグ開幕。	
一九九四年	川崎製鉄サッカー部のヘッドコーチに昇格。		アメリカ大会（優勝国＝ブラジル、得点王＝ストイチコフ［ブルガリア］、サレンコ［ロシア］）。カメルーン代表のロジェ・ミラがW杯史上最年長ゴール（四二歳）。
一九九五年	神戸FCと川崎製鉄サッカー部が母体となりヴィッセル神戸が誕生。ユースコーチに就任。阪神淡路大震災の約二か月後、神戸市長田区に転居。		

一九九六年	ヴィッセル神戸Jリーグ昇格。この間日本サッカー協会C級コーチ・ライセンスを取得。	アトランタ五輪サッカー一次リーグで、中田英寿、前園真聖らを擁する日本がブラジルを一対〇で破る。ラモス、フットサル日本代表のキャプテンに（監督はマリーニョ）。中澤祐二、ブラジルに渡りFCアメリカに加入。	
一九九七年	ヴィッセル神戸ユースの監督に就任。Jユース杯三位の成績を残す。		
一九九八年	秋、ヴィッセル神戸から突然の解任を言い渡される。チームは翌年、ネルソン松原の育てた選手を中心にJユース杯優勝。		フランス大会（優勝国＝フランス、得点王＝シューケル［クロアチア］）。日本代表W杯初出場も一次リーグ敗退。移民二世を中心とするフランス代表の優勝が話題に。
一九九九年	神戸FCコーチに就任。		
二〇〇一年	妻マリナがNPO関西ブラジル人コミュニティ（CBK）設立。	アレサンドロ・ドス・サントスが日本国籍取得、三都主アレサンドロに。翌年日本代表に選出。	
二〇〇二年	日韓W杯の際にボランティアとしてナイジェリアとブラジルのチームエスコートを担当。		日本―韓国大会（優勝国＝ブラジル、得点王＝ロナウド［ブラジル］）。史上初の二か国同時開催。また史上初の欧州とアメリカ大陸以外での開催となった。
二〇〇四年	サッカースクールのコーチとしてヴィッセル神戸に復帰。		
二〇〇六年			ドイツ大会（優勝国＝イタリア、得点王＝クローゼ［ドイツ］）。フランス代表エースのジダン、イタリア代表のマテラッツィに頭突きし退場処分。

年	ネルソン松原個人史	日伯（サッカー）交流史	ワールドカップ史
二〇〇八年	ヴィッセル神戸通訳兼任となる。		
二〇〇九年	ヴィッセル神戸専任通訳となる。		
二〇一〇年	ヴィッセル神戸を退社。ヴィッセル神戸・育成普及部長だった加藤寛、コーチだった上村克也とともに神戸スポーツアカデミーを設立。またCBKスタッフとしてポルトガル語教師、イベント運営などの活動に従事、現在に至る。		南アフリカ大会（優勝国＝スペイン、得点王ミュラー［ドイツ］、ビシャ［スペイン］、スナイデル［オランダ］、フォルラン［ウルグアイ］）。アフリカ大陸初の開催。日本は初の決勝トーナメント進出。
二〇一四年			ブラジル大会。

参照文献

加部究『サッカー移民——王国から来た伝道師たち』双葉社、二〇〇三年

下薗昌記『ジャポネス・ガランチード——日系ブラジル人、王国での闘い』サッカー小僧新書、ガイドワークス、二〇一三年

ボールに導かれる旅

解説＝小笠原博毅

かつて「移民坂」と呼ばれたその坂を上った先にある、通称「センター」。旧神戸移民収容所、現在の「海外移住と文化の交流センター」である。ブラジルを中心に南米へと旅立つ前に全国から集まった人々が日本での最後の日々を過ごしたこの場所は、幾度か名を、持ち主を、役割を変えてなおそこにある。移民する人々が長い航海に少しでも早く慣れるよう、船室の構造と同じように作られたという一風変わった建物である。その薄黄色の建物を入った正面にある階段を途中まで昇り、煙のマークが描かれたドアを開けるとそこが、ネルソンさんの「定位置」だ。ネルソンさんはそこで日に何度か、山手を見上げて一服、ゆっくり煙を吐き出しながら、「ここが落ち着くからね……」と、ひそっと笑うのだ。

文化研究の学術発表やアート・エキシビション、社会活動の報告や時事討論など、波風立つ世界の今に切り込んで立場を超えて意見交換し合う「カルチュラル・タイフーン」というイベントを主催することになった時、移民する人々の旅立ちの記憶をいまに残すこの建物を会場にすることに迷いはなかった。そして、「センター」を活動場所とする三つの団体——日伯協会、C.A.P.（芸術と計画会議）そしてCBK（関西ブラジル人コミュニティ）——との共催が実現し、開催までの数か月、ほぼ毎週、時には毎日、その「移民坂」を上って準備に没頭する日々が続いたのが、もう三年前の夏のことである。ネルソンさんと話すようになったのは、目の回るような、しかし充実したそんな日々の中でのことだった。そのイベントで僕らは、日系ブラジル人二世のサッカー指導者であるネルソン松原さんをゲストに招いて、「「ルートワーク」としてのサッカー」というディスカッションの場を準備していた。

しかし、どう言えばいいんだろう、何か特別なことをしているネルソンさんを「センター」で見たことは一度もない。むろん、かつてその卓越した足技で札幌大を大学選手権ベスト8に導いたサッカー技芸を直接目にしたこともなければ、時には姫路や滋賀方面まで赴いてポルトガル語を教えている姿を目にしたことなどもない。僕の知っているネルソンさんといえば、CBKのオフィスがある「センター」の三階の廊下の向こうからのんびりと歩いてくる姿であり、二階にある展示スペースで、脚立に昇って天井から針金をつるしたり間仕切りを動かしたりしながら、毎年四月に行われる「移民祭」や、「フェスタ・ジュニーナ」（六月の聖人祭）の準備をこつこつしている姿である。どちらかといえば裏方に徹するスタッフである。「カルチュラル・タイフーン」のイベント時でも、厨房の奥でパステウ（揚げ餃子）を調理したり、ブラジルの清涼飲料であるガラナのケースを持って建物と駐車場を結ぶ廊下を忙しなく行ったりきたりしたりしていた。もし誰かが、「こちらが日本にフットサルを伝えた人だ」とか、「ヴィッセル神戸のユースで監督をしていた人だ」とか、「日本ではじめてのブラジル人サッカー留学生だった人だ」などと説明しなかったなら、ネルソン松原という人物のまた別の顔に気がつく人がどれだけいるだろうか?

少し気合いを入れすぎながらなんとかイベントを成功させようと躍起になっているぼくらの熱をいつもさりげないアドバイスで冷ましてくれたネルソンさんは、ネルソン吉村やセルジオ越後などの、日本でサッカーをするためにやってきたブラジル人の第一世代に属する人だ。ただプロの選手として日本でプレーしたわけではないので、かつて東京12チャンネルで放送されていた「三菱ダイアモンド・サッカー」に姿を見せたこともなければ、プロ化されたJリーグの番組に解説者としてゲスト出演したこともなかった。しかし、日本のサッカー現代史の表には出なくとも、ネルソンさんの足跡そのものが「生きるためのサッカー」とはどういうことなのかを教えてくれる。

「生きるため」にネルソンさんが取り組んだのは、サッカーだけではなかった。柔道、バレーボール、卓球、水泳。サンパウロでの幼い頃からいろいろなスポーツを真剣に、しかし柔軟に嗜んできた。「一意専心」とは耳障りよく、「一行三昧」とは聞こえがいいが、それが結果として「一つのこと」しかできない硬直した心身を生むだけならば、語彙の示す本意とは大きく異なるだろう。それ「だけ」ではなく、それ「も」でなくてはならないからだ。あれもこれもの経験が「一つのこと」への邁進を可能にし、今度はその「一つのこと」への取り組みが人生を多方向に切り開いてゆく。青年時代に、そのまま進めばおそらくは将来を約束されていたであろうブラジルでのプロ・サッカー選手の道を選ばず大学進学を決めたときから、少し皮肉なことではあるけれど、ネルソンさんのボールを追って旅する人生が本格的に始まった。生活の糧を得るための職業を変え、ブラジルから日本へ暮らす土地を変えても、常にそこにはサッカーボールという追いかけるべき対象があった。その追い方のスタイルは多重・多様・多層。追いかける過程で関わる人は様々であり、手を差し伸べてくれる人もいれば裏切る人もいた。「イイコトばかりはありゃしない」。

でもサッカーボールを追うってそういうことだろう、「生きる」ってそういうことだろう。ネルソンさんは、そのサッカー技芸と指導力を携えてこの世界を渡り歩いてきた単独者だ。視野を広く持ち、自分で判断して挑戦すればどんどん楽しくなってくる。このネルソンさんのスタイルは基本的に変わらない。だからそのスタイルを受け入れられない人と出会うことで、ネルソンさんは実際いやな経験を何度もしてきた。しかしもし本当に生きるための技芸として一つのスポーツに邁進するならば、その技術や結果だけを追い求めるだけではすまないはずだ。そのスポーツを媒介にして、様々な人々との折衝を経験しなくてはならないだろう。ネルソンさんにとってサッカーボールは、しんどさも含めた他者とのかかわりに世界を開いてくれた導き手なのだ。ネルソンさんが、少し困ったような顔をしながらイイタイコトはそういうことである。

相手へのリスペクト、学ぶときの姿勢、あいさつだってそうだ。ボールを蹴り、止め、運ぶ作業をどうやって教わるのか。見よう見真似でやっていたって、それは誰か他人のやっていることを、悪く言えば「盗む」、よく言えば「教わる」ということ。いずれにせよそこには必ず他者とのかかわりがなければならない。よく「ブラジルは個人技のサッカー」だと言われる。

それを人は、一人の才能ある選手の孤立した行いだと誤解する。違うだろう。何のために技術を磨くのか。それは相手にボールを取られないためであり、そこにいる相手を抜き去るためであり、相手からボールを奪うためであり、最後は相手のゴールにボールを放り込むためである。相手がいなければ始まらない複数性のスポーツであるという意味で、サッカーは生きることと同じだとネルソンさんは言う。決して声高にではないが、ネルソンさんが描いてきた生きることとの軌跡は、確かにそういうことを言っている。邪魔をするやつがいる。行く手を遮るやつがいる。ケズってくるやつがいる。だがいま自分がボールに触れている悦びは次の瞬間にはそいつのものになるかもしれない。サッカーの快楽は瞬時の転移の可能性に満ち溢れている。ネルソンさんにそれを教えてくれたのはあのサンパウロ、日系の大家さんの家の敷地でボールを追い続けていた子ども時代だ。その悦びが上達を導く「ゴールデン・エイジは一二歳ぐらいまで」と言うネルソンさんだからこそ、子どもとのかかわりは何よりも大切なものなのだ。

「カルチュラル・タイフーン」を一緒にやっていただけませんかという交渉をしていた席で、主に関西在住のブラジル人子弟への教育支援を行うCBKの理事長でネルソンさんの妻であるマリナさんに、僕たちはこう問いかけられて、はっとした。

「大人のことはわかりました。で、子どもたちはどうしたらいいですか」。

大学生以上の人の参加を前提としていた僕らは頭をガツンとやられた気がしたのだ。世界の波に翻弄されているのは大人も子どもも同じだし、逆に波風を立てるように世界を変革して将来を担っていくのは、まさに子どもたちなのだから。だが日本に暮らす日系ブラジル人家庭が直面する問題の中でも、日本語環境になじみきれない、しかしかといってポルトガル語だけで日常生活を送るわけにもいかない子どもたちを、どのように日本語「も」ポルトガル語「も」使える言語文化に住まわせることができるかは大きな問題となっている。それはCBKに集う神戸近隣の日系の子どもたちも同じことだ。このマリナさんの一番の悩みの種を、ネルソンさんも共有している。外的環境が変化して最も影響を受けるのは、自分の力や意志だけではその道を選べなかった子どもたちだから。

ネルソンさんには、サッカー指導者としての経験からどうしても許せないことがある。ひと頃からはやりだしたブラジルへのサッカー留学と、そこで利益を得ているエージェント業に対してネルソンさんが極めて厳しいまなざしを向けるのは、親の都合で来日し適応できずに不登校になってしまう子どもたちの姿が、サンパウロで見てきた何人もの日本人のサッカー「留学生」の姿と重なるからである。もちろんうまくいった例もある。水島武蔵のエピソードはそうした留学のはしりであり、その後のカズこと三浦知良や中澤佑二など、華々しい成功者もいる。しかし表舞台の影で親の過度な期待を背負い悪徳エージェントの食い物にされ、つまり大人の都合で何人もの若い才能が日の目を見ないままサッカーから遠ざかってしまったことを、ネルソンさんは嘆く。サンパウロのスイミングスクール、札幌サッカースクール（SSS）、札幌第一高校、ヴィッセル神戸のユース、神戸FC、そして現在の神戸スポーツアカデミー。ネルソンさんがこれまでのキャリアの中で最も長いあいだ力を入れてきたのは、子どもたちへのスポーツ指導だ。ヴィッセル神戸を去りCBKの専属スタッフとなったのは、妻が人生をかけて取り組んでいる事業のサポートをするという意味合いとともに、生き迷う子どもたちをなんとかしたいという課題に、ともにタックルをかます道を選んだということなのだ。

たいへんなことである。しかし「指導者」としてのネルソンさんはそれをたいへんなことには見せないし、問題の根は深くてもそれを何とかしようとする取り組みを、おそらく億劫だという意味で「たいへん」だとは考えてはいまい。ネルソンさんは「先生」や「コーチ」と呼ばれるのを好まない。常々、自分は「指導者《インストラクター》だと思っている」と言い続けてきた。指示や命令によって選手を動かすのではなく、あくまでも選手と同じ目線で、同じ現場で、同じ空気を吸いながら自ら動くことで、選手たちが動けるよう「導く」。言葉は少ないが、いや少ないがゆえに、ネルソンさんのプレーと技術を目の当たりにして「導かれ」て来た子どもたちが、たくさんいる。

サッカーがしたい一心で選んで決めてきた生き方と、子どもたちに教えるという生き方は、サッカー指導者となったことで半ば必然的に軌を一にするものとなっている。もちろん、ブラジルの体育大学で体育教育を学んで教員免許を取り、いつかは体育教師になろうと思っていたネルソンさんのヴィジョンが、少し回り道を経て、日本の公的な教育制度の周縁で実現したのだと言うことはできる。ただその道のりが祖父母の出身地である北海道から始まり、祖父母や両親がブラジルへと渡航する直前に滞在した神戸にたどり着くなんていう航跡を描くとは、本人も思っていなかっただろう。何も特別なことはしていない。ただ転がるボールを追っていたら、ここに来ていた。そう考えれば、日系人であるということすら、ボールを追う軌跡を彩る一つの飾りにすぎないのではないか。ネルソンさんは言う。「自分の中に日本人の血が流れているのを意識したりするようになったのは、日本に住むようになってから。ずいぶん最近のことだよ」(本書66頁)。

いろいろなスポーツ、いろいろな人生のあり方、多重で多様で多層なボールの追い方と他者との付き合い方。結果としてそれを導いてきたサッカーボール。だからネルソンさんはサッカーを語るとき、「足に魂こめました」とかいちいち言わない。だって蹴ることは生きることなのだから、いつも黙って魂を込めるのがあたりまえなのである。選手としてピッチに立つことを生業としてきたわけではないけれど、「生きるためのサッカー」という筋を貫いた本当のプロフェッショナルが、静かに、ここ神戸の丘の上に立っている。

著者 ネルソン松原（ねるそん・まつばら）

サッカー指導者。1951年ブラジル・パラナ州ロンドリーナ生まれ。2歳の時にサンパウロに移る。1973年から75年、日本ではじめてのブラジル人サッカー留学生として札幌大学に留学。この間、フットサルの普及活動やルールブックの翻訳にも携わる。ブラジルに帰国しサント・アンドレ体育大学を卒業後、スポーツ関連の仕事に就く。1988年に札幌のサッカー指導者として再来日。その後、川崎製鉄サッカー部ヘッドコーチ、ヴィッセル神戸ユースコーチおよび監督を歴任。サッカー日本代表やＪリーガーを含む数多くの選手を育成した。現在は、神戸スポーツアカデミーで市民にサッカーやフットサルを指導するかたわら、NPO法人・関西ブラジル人コミュニティのスタッフもつとめる。

取材・構成 松本創（まつもと・はじむ）

1970年生まれ。神戸新聞記者を経て、フリーランスのライター／編集者。関西を拠点に、政治・行政、都市や文化などをテーマに取材し、人物ルポやインタビュー、コラムなどを執筆している。著書に『ふたつの震災——［1・17］の神戸から［3・11］の東北へ』（西岡研介との共著、講談社、2012）。

*

取材・解説 小笠原博毅（おがさわら・ひろき）

1968年生まれ。ロンドン大学ゴールドスミス校社会学部博士課程修了。社会学PhD。研究テーマはスポーツにおける移動と人種差別の文化。共編著に『サッカーの詩学と政治学』（人文書院、2006）、編著に『黒い大西洋と知識人の現在』（松籟社、2009）など。現在神戸大学大学院国際文化学研究科教員。

生きるためのサッカー――ブラジル、札幌、神戸　転がるボールを追いかけて

二〇一四年六月一八日　初版第一刷発行

著者　ネルソン松原
取材・構成　松本創
取材・解説　小笠原博毅

発行　サウダージ・ブックス
〒七六一－四一〇六　香川県小豆郡土庄町甲四一三－二
豊島オリヴァルス株式会社内
電話〇八七九－六二－九八八九
ファックス〇八七九－六二－九〇八九
saudadebooks@gmail.com

装幀　加藤賢一
装画　平澤一平
写真　宮脇慎太郎（2、238頁）
組版　大友哲郎
印刷・製本　シナノ印刷株式会社
ISBN 978-4-907473-04-4　C0095